平凡社新書
1038

トルコ100年の歴史を歩く

首都アンカラでたどる近代国家への道

今井宏平
IMAI KŌHEI

HEIBONSHA

トルコ100年の歴史を歩く●目次

＊本文頁に掲載した写真のうち、二一の右、三八、四三、七五の下、一〇五、一六六以外の写真は著者撮影。

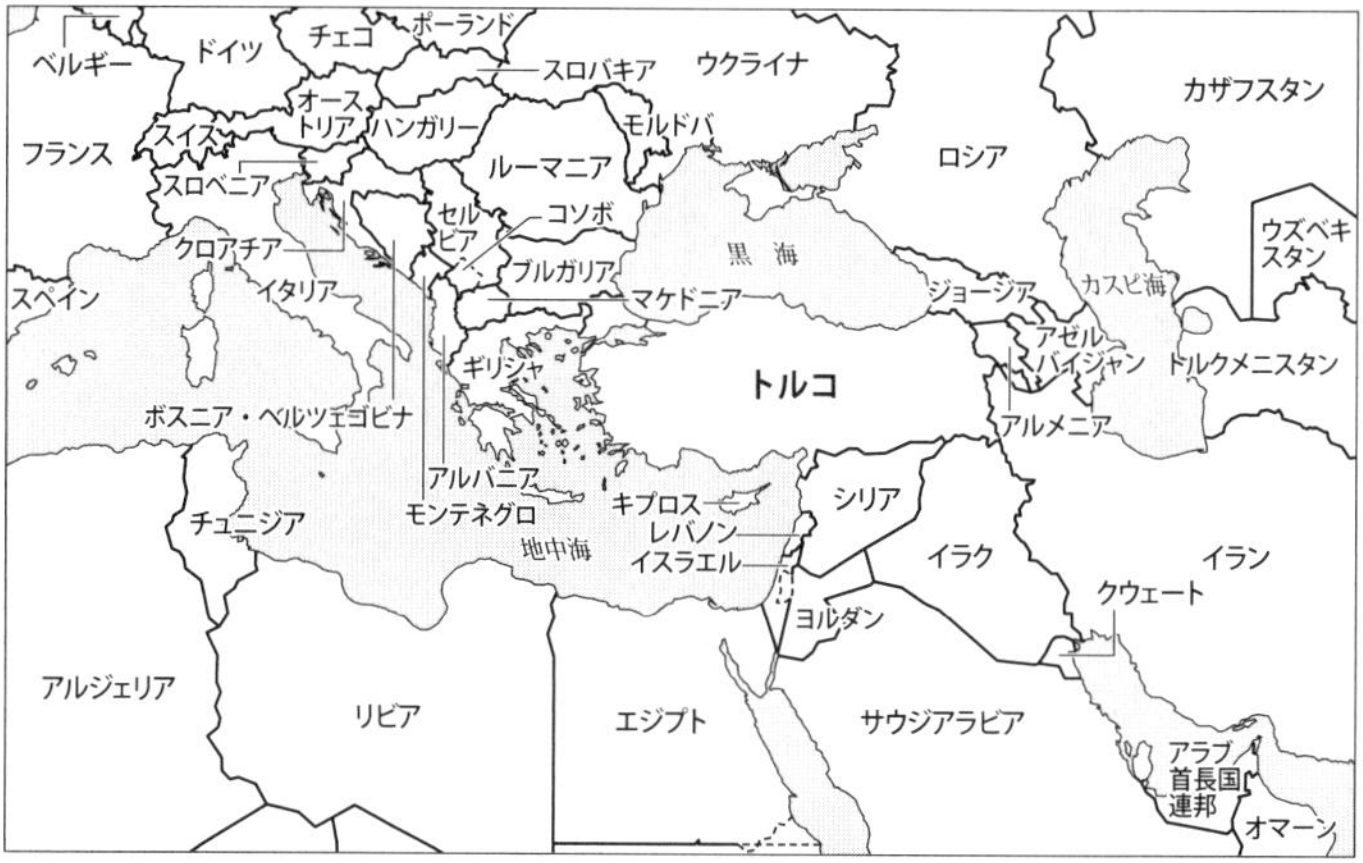

トルコとその周辺図

1 アダナ
2 アドゥヤマン
3 アフィヨン
4 アール
5 アマスィヤ
6 アンカラ
7 アンタルヤ
8 アルトヴィン
9 アイドゥン
10 バルケスィル
11 ビレジク
12 ビンギョル
13 ビトリス
14 ボル
15 ブルドゥル
16 ブルサ
17 チャナッカレ
18 チャンクル
19 チョルム
20 デニズリ方
21 ディヤルバクル
22 エディルネ
23 エラズー
24 エルズィンジャン
25 エルズルム
26 エスキシェヒル
27 ガズィアンテプ
28 ギレスン
29 ギュミュシュハーネ
30 ハッキャリ
31 ハタイ
32 ウスパルタ
33 メルスィン
34 イスタンブール
35 イズミル
36 カルス
37 カスタモヌ
38 カイセリ
39 クルクラーレリ
40 クルシェヒル
41 コジャエリ
42 コンヤ
43 キュタヒヤ
44 マラティヤ
45 マニサ
46 カフラマンマラシュ
47 マルディン
48 ムーラ
49 ムシュ
50 ネヴシェヒル
51 ニーデ
52 オルドゥ
53 リゼ
54 サカリヤ
55 サムスン
56 スィイルト
57 スィノプ
58 スィヴァス
59 テキルダー
60 トカト
61 トラブゾン
62 トゥンジェリ
63 シャンルウルファ
64 ウシャク
65 ヴァン
66 ヨズガト
67 ゾングルダク
68 アクサライ
69 バイブルト
70 カラマン
71 クルクカレ
72 バトマン
73 シュルナク
74 バルトゥン
75 アルダハン
76 ウードゥル
77 ヤロヴァ
78 カラビュック
79 キリス
80 オスマニエ
81 デュズジェ

トルコ国内の行政区分図

はじめに——アンカラからトルコ共和国の一〇〇年を振り返る

本書を手に取った読者の皆さんのほとんどは、何らかの理由でトルコに興味を持った方々であろう。トルコに興味を持ったきっかけは、オスマン帝国の歴史に魅了されたから、近年のトルコ政治に注目しているから、という人が多いかもしれない。もちろん、他の理由も大歓迎である。例えば、宮崎駿監督の『天空の城ラピュタ』の滅びの呪文、「バルス」がトルコ語で平和を意味するバルシュに由来するとの節もあるから、C・S・ルイスの『ナルニア国物語』のライオン、アスランがトルコ語でライオンを意味する言葉であり、作中で出てくるターキッシュ・ディライト（ロクム）が美味しそうだから、リーバイスのデニムを買ったら生産国がトルコだったから（リーバイスはオリジナルラインナップだけでなく、リーバイス・ヴィンテージ・クロージング、通称LVCにもトルコ製が多い）、サッカーのドイツ代表で活躍した、もしくは活躍しているメスト・エジルやイルカイ・ギュンドアンがトルコ系だから、ナショナル・バスケットボール・アソシエーション（NBA）で活躍したヒド・ターコルー（正確にはヒダーイェット・トゥルクオール）や現役で活躍しているアルペリン・シェングンが好きだから（ちなみに最近は女子バレーも非常に強い）、ナーディル・ギュルのバクラヴァを食べたら美味しかったから、などである（ちょっと冗長になり過ぎた）。

トルコに関する著作を概観すると、その多くはトルコ共和国建国の父で初代大統領のムスタファ・ケマル（アタテュルク）もしくはイスタンブールを扱ったものが多い。確かに現在の領土でトルコ共和国が存続しているのはケマルの貢献が非常に大きい。そして文明の交差点とも呼ばれ、黒海とマルマラ海をつなぐボスポラス海峡とマルマラ海とエーゲ海をつなぐダーダネルス海峡を有する古都イスタンブールは常に繁栄を遂げてきた。

しかし、近年ケマルの改革について、学問の世界ではこれまでその業績と影響力を過大評価しているとして、ケマルの功績をより相対化する見方が出てきている（例えば、ハーニオール、二〇二〇）。また、外交に関しては、ケマルよりも二代目大統領であるイスメト（・イノニュ）の第二次世界大戦時の対応がより高い評価を得てきた。また、イスタンブールは偉大な歴史を有するが現在はあくまで商業と観光の中心地である。政治の重要な決定はこの一〇〇年、常にアンカラで行われてきた。誤解を恐れずに言えば、トルコ共和国の中心はイスタンブールではなく、アンカラである。ただし、観光大国トルコにおいてアナ

アナトリア文明博物館は2021年に100周年を迎えた。祖国解放戦争中にも開館していた

アナトリア文明博物館の入り口

トリア文明博物館やアタテュルク廟を除き、大した観光資源を持たないアンカラは不当に低評価を受けてきた、もしくは受けているように思える。アンカラは首都として一〇〇年の歴史を有しているにもかかわらず、である。米国の首都がニューヨークでなくワシントンDC、オーストラリアの首都がシドニーでもメルボルンでもなくキャンベラであるのと同様、トルコの首都もイスタンブールではなく、アンカラなのである。確かにイスタンブールのような文明の十字路ではないが、アンカラはイ

スタンブールにはない整然とした秩序ある雰囲気を醸し出している。本書では日本国内外であまり注目されてこなかった、トルコ共和国の首都アンカラに焦点を当てながらトルコ共和国の一〇〇周年を振り返るささやかな試みである。現地で撮影した写真も交えたので、読者の皆さんにはアンカラを一緒に歩くような気分でついてきていただきたい。

第1章に入る前に、駆け足になるがトルコ共和国以前のアンカラの歴史について振り返ってみたい。アンカラの歴史は古い。アンカラが古代都市としていかに栄えていたかは、アナトリア文明博物館に飾られている数々の展示品が物語っている。アンカラはヒッタイト文明の発祥地であるアナトリア地方のほぼ中央に位置している。その歴史は先史時代にまでさかのぼり、紀元前八世紀にはフリギア人の町として発展した都市であった。当時はアンカラではなく、アンキラと呼ばれ、紀元前にローマ帝国の統治下に入りアンゴラとなった。東ローマ帝国時代は主に軍事拠点であった。

一四世紀半ばにオスマン帝国に占領された後のアンゴラは、単なる一地方都市の位置づけに過ぎなかった。その後、再びアンゴラが歴史の舞台に登場したのは一九一九年一一月のことであった。ケマルが祖国解放戦争を戦うなか、イスタンブールに代わる新たな中心地としてアンゴラを定めたのである。当時のアンゴラの人口は二万人ほどだったと言われ

トルコ最古のワインメーカー、カヴァクレデレのアンキラ

ている。そして一九二三年にトルコ共和国の成立とともにアンゴラに首都が置かれ、一九三〇年にアンカラと現在の名称に変わり、今日に至っている。

トルコ最古のワインメーカーと言われるアンカラのカヴァクレデレ社は多くの人気銘柄を出している。カヴァクレデレ社はアンカラの地で創業したという誇りがあるのだろう、同社のアイデンティティが反映された、その名も「アンキラ」と「アンゴラ」という名前を付したワインがある。

アンカラを含めたアナトリアはヒッタイト文明が栄えた歴史があり（中心はチョルムのボアズカレ）、アンカラにはアナトリア文明博物館以外にも、ヒッタイト時代の出土物のモニュメントやマークを街中のところどころで確認することができる。例えば、スーヒエからクズライに向かうアタテュルク大通りには鹿と雄牛のモニュメントが建っている。また、アンカラ大学はヒッタイトの太陽盤を校章として使用している。

アタテュルク大通りのモニュメント

ヒッタイト時代に使用されていた太陽盤

アンカラは古代都市として栄えた後、地味な地方都市として緩やかに発展してきた。ではなぜケマルはアンカラを首都としたのであろうか。それはアンカラの戦略上そして地理上の位置によると言われている。また、アンカラの民衆がケマルたちの抵抗運動に対し、積極的に協力したことにも触れておきたい。当時、オスマン帝国は崩壊しかかっており、オスマン帝国を見捨て、欧米列強の勢力を駆逐して新たにトルコ人の国を建国しようと試みたケマルたちの抵抗組織は、アマスィヤ、サムソン、スィヴァスといった黒海地域や中央アナトリア地域まで後退し、抵抗運動を展開していた。

アンカラは行政の町であり、さまざまな

人たちが集まるイスタンブールと異なり、公務員、軍関係者、学生、大使館員などが多く暮らしている。観光都市でない分、客引きも少なく、イスタンブールよりも落ち着いた印象がある。また、一九九九年のイズミトで起きた地震（マルマラ地震）や二〇一一年のヴァンの地震を覚えている人もいると思うが、過去に何度も地震に見舞われてきたトルコは地震大国である。二〇二三年二月のトルコ・シリア地震はまだ記憶に新しい。その中でもトルコの中央部に位置するアンカラは地盤がしっかりしており、他の地域よりも地震が少ないことで知られている。そういった地学的な背景を踏まえたのかは確実な史料がないのでわからないが、アンカラに首都機能を置いたケマルには先見の明があったと言えよう。

それでは次章からアンカラの歴史や文化、政治などに触れていきたい。それらを通してトルコの一〇〇年の歩みをたどり、読者の皆さんにトルコに関して新たな発見をもたらすことができたら幸いである。

第1章　西洋化とイスラームのはざまで

首都の構成と人口の変遷

本章ではまず、アンカラの町と人口の変遷を見たうえで、トルコ共和国の国是の一つである世俗主義の理想と現実に関して話を進める。そして、トルコ政治を語るうえで不可欠な二人のリーダーと言えるムスタファ・ケマル（アタテュルク）とレジェップ・タイイップ・エルドアン、そしてクルド人の問題についても触れていきたい。

繰り返しになるが、アンカラはトルコの首都である。そのアンカラはアクユルト（Akyurt）、アヤシュ（Ayaş）、アルトゥンダー（Altındağ）、バーラ（Balâ）、チャムルデレ（Çamlıdere）、ベイパザル（Beypazarı）、チャンカヤ（Çankaya）、エルマダー（Elmadağ）、チュブク（Çubuk）、エティメスグット（Etimesgut）、ギョルバシュ（Gölbaşı）、エヴレン（Evren）、ハイマナ（Haymana）、ギュデュル（Güdül）、カフラマンカザン（Kahramankazan）、ケチオレン（Keçiören）、クズルジャハマム（Kızılcahamam）、カレジク（Kalecik）、ナルハン（Nallıhan）、ママク（Mamak）、ポラタルゥ（Polatlı）、スィンジャン（Sincan）、プルサクラル（Pursaklar）、シェレフリコチュヒサル（Şereflikoçhisar）、イェニマハッレ（Yenimahalle）という二五の地区に分類される。本書で主に扱うのはこの中のチャンカヤ、アルトゥンダー、イェニマハッレである。この辺りがアンカラの「中心」に当たる。

アンカラの25の地区

アンカラの地区についてもう少し詳しくみていきたい。二〇一九年の地方選挙においてアンカラ大都市市長選は公正発展党（AKP）と共和人民党（CHP）が接戦となり、共和人民党候補のマンスル・ヤワシュが勝利した。しかし、二〇二三年に行われた大統領選挙（五月一四日）ではエルドアンと野党連合のケマル・クルチダルオールの間で思ったよりも差がつかず、一度目も二度目の決戦投票（五月二八日）でもわずかな差でクルチダルオールが勝利した（一度目は四七・三％と四六％、二度目は五一・二％と四八・七％）。クルチダルオールが勝利した地区はチャンカヤ、エティメスグット、イェニマハッレ、ママク（決選投票

表1　2023年の大統領選挙・決選投票におけるアンカラの地区別の得票率と総人口

（単位：%）

地区／候補	2023年決選投票		2023年大統領選挙	
	エルドアン	クルチダルオール	エルドアン	クルチダルオール
アクユルト	76.3	23.7	72	20.5
アヤシュ	58.9	41.1	55.4	38.1
アルトゥンダー	63.2	36.8	60.2	33.4
バーラ	65.4	34.6	62.7	32.9
チャムルデレ	80.5	19.5	78.1	18
ベイパザル	60.9	39	56.7	35.2
チャンカヤ	21.8	78.1	20.3	75
エルマダー	50.9	49	48.2	45.5
チュブク	75.2	24.8	71.8	22.1
エティメスグット	43.2	56.7	40.3	51.8
ギョルバシュ	50.4	49.5	47.2	45.1
エヴレン	65.8	34.1	63.1	32
ハイマナ	66.6	33.4	64.4	32.1
ギュルデュル	68.6	31.3	65.4	28.8
カフラマンカザン	67	32	63.3	28.1
ケチオレン	55.7	44.2	52.5	40.1
クズルジャハマム	71.1	28.9	68.2	26.1
カレジク	68.3	31.7	65.2	29.1
ナルハン	58.3	41.7	54.5	38.2
ママク	49.8	50.2	47.2	46.7
ポラタルゥ	55.2	44.7	51.7	40.3
スィンジャン	65	35	61	30.7
プルサクラル	74	26	70.1	22.3
シェレフリコチュヒサル	59.2	40.7	55.6	38.5
イェニマハッレ	41.9	58.1	39.3	53.9

のみ）のみであった（表1参照）。アンカラの中心は世俗主義支持者が多いが、郊外は保守的な人々が圧倒的多数である。

人口をみると、現在、最も多いのがチャンカヤ、僅差でケチオレンとなっている（表2参照）。また、イェニマハッレ、ママク、エティメスグット、スィンジャンに五〇万人以上が住み、アンカラの中心部に人口が集中している。また、エティメスグット、スィンジャン、イェニマハッレなど中心部の郊外は人口が急拡大した。

次にアンカラの近隣の県をみてみよう。アンカラはボル、エスキシェヒル、コンヤ、ア

表2　アンカラの人口の変遷　（単位：人）

地区／人口	1965年	1990年	2000年	2010年	2022年
アクユルト	—	12,535	18,907	26,780	40,625
アヤシュ	16,936	21,762	21,239	14,057	12,998
アルトゥンダー	229,228	422,668	407,101	365,920	413,994
バーラ	41,415	37,612	39,714	19,426	20,521
チャムルデレ	19,596	19,365	15,339	7297	8100
ベイパザル	34,297	45977	51,841	46,493	48,357
チャンカヤ	496,953	714,330	769,331	922,536	942,553
エルマダー	20,526	30,354	38,032	43,311	44,379
チュブク	47,601	51,964	43,311	86,055	95,449
エティメスグット	—	70,800	171,293	386,879	614,891
ギョルバシュ	—	43,522	62,602	95,109	150,047
エヴレン	—	6928	6176	3343	2952
ハイマナ	48,908	55,527	54,087	33,886	26,016
ギュルデュル	18,314	18,698	20,938	8971	8079
カフラマンカザン	—	21,837	29,692	39,537	59,123
ケチオレン	—	536,168	672,817	817,262	939,279
クズルジャハマム	42,649	34,456	33,623	25,203	26,872
カレジク	28,665	25,043	24,738	15,142	12,794
ナルハン	31,141	36,779	40,677	30,571	26,553
ママク	—	410,359	430,606	549,585	687,535
ポラタルゥ	63,895	99,965	116,400	117,473	128,378
スィンジャン	—	101,118	289,783	456,420	572,609
プルサクラル	—	—	—	108,211	162,389
シェレフリコチュヒサル	69,201	60,701	59,128	35,989	33,140
イェニマハッレ	122,166	351,436	553,344	648,160	704,652

図1　アンカラの人口の増減

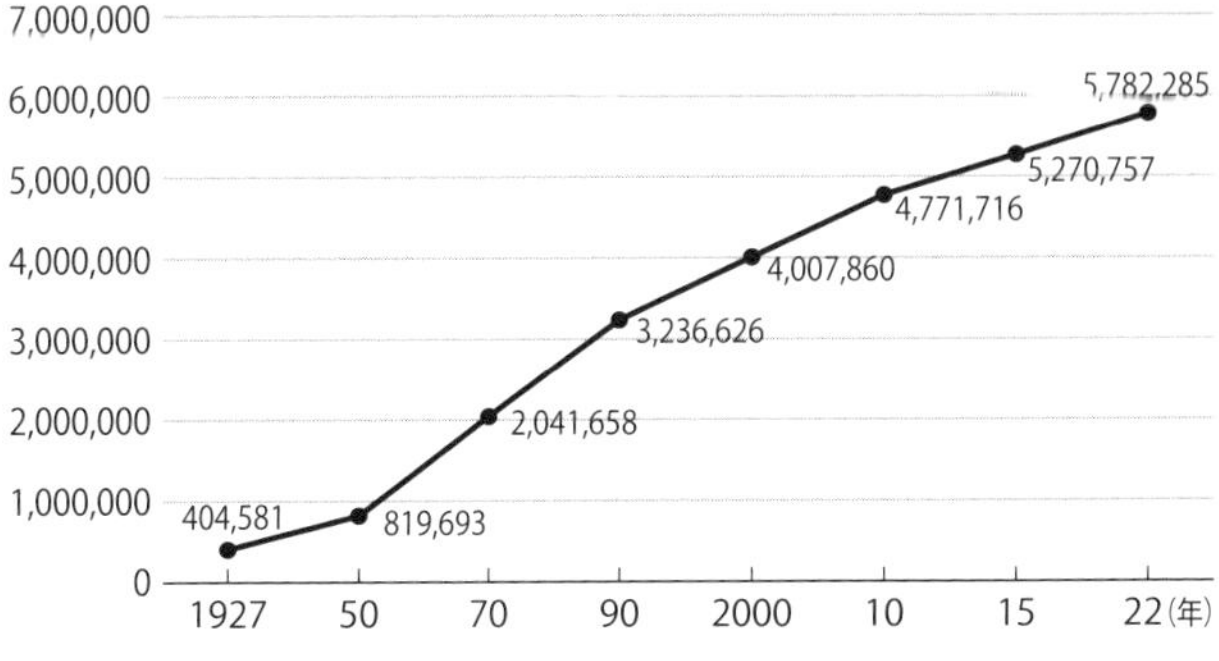

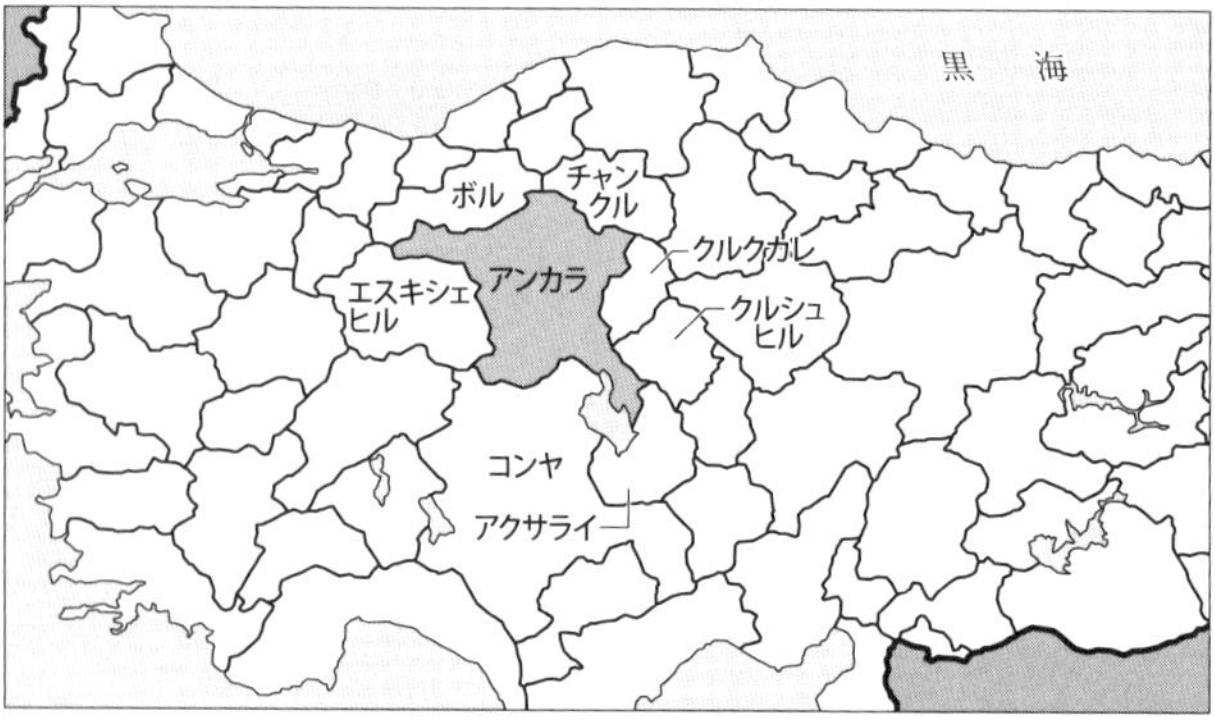

アンカラとその周辺地域

クサライ、クルシェヒル、クルクカレ、チャンクルと接している。アンカラは多くの県と接しているが、日本と違い、海に面していない県が多いトルコではこれはさほど珍しいことではない。また、接していないが奇怪岩で有名なカッパドキアのあるネヴシェヒルとも近く、車やバスで片道約三時間の距離だ。アンカラは内陸アナトリアのハブである。

隣接県で日本人にとってなじみがあるのは、くるくる回るメヴラーナという踊りで有名なコンヤだろう。チャンクルには日本企業、住友ゴムの工場がある。また、クルシェヒルには一九八五年以来、中近東文化センターの大村幸弘氏を中心に日本の発掘隊が調査を進めるカマン・カレホユック遺跡、さらにその後調査を開始したヤッスホユック遺跡とビュクリュカレ遺跡がある。一九九八年にはカマン郡チャウルカン村にアナトリア考古学研究所を完成させた。

左はトルコで有名なノンフィクション作家、イルベル・オルタイルのケマルの評伝、右は子供向けにケマルの業績を説明した本

ムスタファ・ケマル

アクサライには広大な塩の湖があり、アンカラからカッパドキアに向かう観光バスなどが立ち寄る場所となっている。

圧倒的な人気を誇るムスタファ・ケマル

「トルコ共和国の歴史上で最も有名な人は誰か」。もしこの質問を世界中ですると必ず名前が挙がるのがケマルと現大統領のエルドアンの二人だろう。ただし、現大統領のエルドアンに関しては、二〇二三年の大統領選に象徴されるようにトルコ人の間でも支持する人と支持しない人がはっきり分かれている。

それに対し、トルコでケマルを批判する人はほとんどいないのではないだろうか。トルコの学校には必ずケマルの肖像画や銅像が飾られているし、八月三〇日の戦勝記念日や一〇月二九日の建国記念日には省庁や軍関係の施設、はたまたショッピングモールやマンションにもケマルの肖像画がはためくことになる。また、トルコではケマルについ

圧倒的な存在感を放つアタテュルク廟

廟の中にある生花はいつ行っても新鮮だ

廟の全体図の模型。東西南北どこからでも入ることができる

て優しく解説した子供向けの本も多く、トルコの学校ではイズミル行進曲など、ケマルを称える歌が音楽の授業で歌われることも多い。

欧米列強の支配からトルコを守り、トルコ共和国を建国、そして国家運営の基礎を築いたケマルの功績は今もなお色褪せることはない。アンカラでケマルにちなんだ場所として真っ先に挙がるのがケマルの墓であるアタテュルク廟である。日本人観光客がアンカラに滞在する場合、アナトリア文明博物館とともに必ず訪れるのがこのアタテュルク廟である。

この廟でまず目を引くのが、衛兵の動きであろう。機械的であるが、非常に正確な動きを見せる。次いで、廟の大きさに圧倒されるだろう。アタテュルク廟は、死後もケマルがアンカラ市内を一望できるように、郊外の高台に建設された。アンカラが都市として拡大する中で相対的にアタテュルク廟は中心地に近い場所となったが、今でもさまざまな地域からこの廟を確認することができる。

廟を見学していると、小学生が社会見学に来ている光景をよく目にする。それもアンカラだけでなく、近隣の県からも来ている。先生たちのケマルの説明も熱を帯びている。広い敷地を歩いた後、廟の中に入ると、新鮮な生花が飾られている。厳粛で気高い雰囲気がそこにはあり、心の中でケマルと会話しているような錯覚に陥る人が多いのではないか。

廟の地下には展示場がある。ここにはトルコの祖国解放戦争の様子、そしてケマルが共

ケマルが愛したラクという酒

和国の建国および発展にいかに貢献したかが描写された史料や絵画が展示されており、トルコの愛国主義、ケマルへの敬意が伝わってくる。個人的に興味深かったのが、ケマルがいかにおしゃれに気をつかっていたかがわかる身の回りの物や服の展示である。軍服は今でも着ることができそうなおしゃれなデザインで、晩年に使用していたステッキも一つや二つでなかった。ハットも好んでかぶっていた。常に国民からどう見られているかを意識し、外見も権力を維持するのに一役買うということを理解しており、それが彼のカリスマ性を高めていた。

ケマルが好きだったものにもう少し触れていこう。ケマルはラクという酒を非常に愛したと言われている。ラクはブドウの搾りかすを使って醸された蒸留酒である。アルコール度数は四五度ほどあり、水を入れると白濁するため、「ライオンの涙」と呼ばれる。最近はトルコの若者もラクやワインよりもビールを好む傾向がある。しかし、シーフードレストランなどに行くと比較的年齢層の高い人たちがワイワイとラクを飲んでいる。トルコでは、ラクは白チーズ、メロン、スイカ、パンなどと併せてよく飲まれる。ラクはアラブ諸国ではアラク、ギリシャではウゾ、バルカン諸国や東欧諸国ではラキーアと呼ばれる。古くから香料として利用されてきたアニスによる香り付けが基本だが、ラキーアは杏などフルーツの香り付けのものもある。ケマルは建国後の国家建設で多忙の中、レブレビと呼ばれるひよこ豆を煎ったものをつまみに夜な夜なラクを飲んでいたと言われる。これがケマルの病死の原因になったとも言われる。いずれにせよ、ケマルはラクを愛した。いくつかのメイハーネ（酒場）ではケマルの予約席があり、そこでは時計の針がケマルの死去した一九三八年一一月一〇日午前九時五分のまま止まっている。

ラクとともにケマルが愛したのが民謡に合わせた踊りである。特に「サル・ゼイベック」という曲に合わせた踊りが得意だった。著名なジャーナリストだったが、二〇一六年七月一五日クーデター未遂事件に関与していたとして現在トルコ政府から訴追されているジャン・デュンダルによって作成され、一九九三年に封切られたケマルの最期の三〇〇日を追ったドキュメンタリー番組の名前はサル・ゼイベックであり、エフェというラクのメーカーの中の高級ラインの名もサル・ゼイベックである。アンカラのチャンカヤ地区ウミトキョイにはサル・ゼイベック公園もある。

ウルスとクズライの間のスーヒエにあるケマル像

ウルスのケマル像

話をアンカラに戻そう。アタテュルク廟だけがアンカラでのケマルの軌跡ではない。アンカラ最初の議会が建設されたウルスには、ケマルが馬に跨《またが》り、独立戦争で活躍する様子を象った銅像が悠然と立っている。また、ウルスからクズライにかけて、多くのケマル像がある。こうした像にはケマルの近くに兵士や女性などが付き従っている。また、現在の大国民議会（以下、TBMM）の近くにはケマルの肖像があり、夜でも灯りで照らされている。このようにたくさんの銅像や肖像画が作られている人物はトルコではケマルだけである。このことからも彼がいかに国民

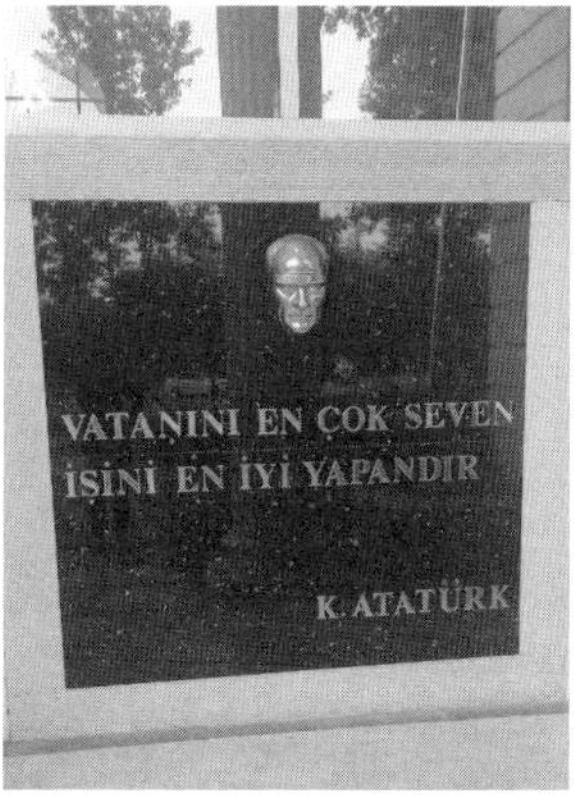

官公庁の建物や学校の前などにはケマルの言葉が飾られている

TBMM近くのケマルの肖像

建国記念日や戦勝記念日にはケマルの写真やポスターが町を飾る

ウルスからチャンカヤの旧大統領府までの道路はアタテュルク大通り

祝日の前にはケマルを称える広告が見られる

ケマルの亡くなった1938年の８を横にし、無限大としている

の尊敬を集めているかが理解できる。

一方で建国の父ということであまりにもケマルにスポットライトがあてられすぎているきらいもある。最近の研究では、建国後、共和人民党の一党独裁体制を敷き、政敵を排除していったケマルのやり方は権威主義的であったとも指摘されている（例えば、小笠原編、二〇一八）。また、国民の大半がムスリムであったにもかかわらず、強引に世俗主義に舵を切った決定はその後のイスラームや保守的な考えへの揺り戻しを経験することとなる。もちろん、ケマルにも考えがあった。それはオスマン帝国が西洋諸国の勢力争いの場とされ、

最終的に崩壊したことを重く受け止め、オスマン帝国の後継国家であるトルコ共和国が、同じ轍を踏まないようにするということであった。ケマルはそのために、イスラームを後進性の象徴として排除し、西洋諸国をモデルとした国民国家による「近代化」「文明化」を目指したのであった。いずれにせよ、ケマル後のトルコ共和国の指導者たちは、ケマルの改革をさらに進めることとケマルの改革に取り残されていると感じていた保守的な人々の支持を得ることの両方を追求していくこととなる。次節ではこの点について確認したい。

日本人である筆者から見て、ケマルがトルコで英雄視される大きな理由は、他国の干渉に負けず、自分たちトルコ人だけで国を守り切ったリーダーという点である。トルコではこの経験が多くの国民に受け継がれており、国は自分たちで守るもの、そして国をまとめるためには強力なリーダーが必要、と考える傾向にあるように見える。

西洋化に基づく国家建設の理想と現実

(1) ムスタファ・ケマルの西洋化

オスマン帝国末期に、新オスマン人、青年トルコ人と称された一部の知識人たち、さらにアブドゥルハミト二世などの支配層の一部は、ナショナリズムの採用に顕著なように、オスマン帝国の生存のために西洋化を志向し、取り入れてきた。しかし、最も徹底した西洋化を図ったのは、トルコ共和国の建国の中心となったケマルであった。

ケマルは、オスマン帝国が西洋諸国の勢力争いの場とされ、最終的に崩壊したことを重く受け止めていた。トルコ共和国が、同じ過ちを繰り返さないようにするためにはどうしたらよいのかを検討した。ケマルが出した答えは、西洋をモデルとした「近代化」「文明化」によって西洋諸国と同様の国民国家をトルコでも実現するというものであった。さきほど述べたように、オスマン帝国末期から知識人の間で西洋化を前提とした近代化を目指す動きは模索されてきた。しかし、その際に目指されたのはあくまでイスラームを根幹に据えるオスマン帝国と西洋化の両立であった。それに対して、ケマルはイスラームを後進性の象徴とし、徹底した政教分離を前提とした「近代化／文明化」を志向した。こうして、西洋化とほぼ同義語である近代化／文明化は、トルコ共和国の政治理念となったのである。「建国の父」であるケマルは、言うまでもなくトルコで最も影響力を持つ政治家であった。しかし、カリフ制の廃止と徹底した西洋化へのシフトはそのケマルをもってしても容易ではなく、多くの反対意見が出た。ケマルは、一九二五年のクルド人のシェイフ・サイドの乱、そして翌年のケマルの暗殺未遂事件（イズミル事件）を通して、西洋化に反対している議員たちを事件に関与したとして追放することで自身の力を盤石なものとし、西洋化に注力した。ケマルの時代のトルコは共和人民党の一党独裁体制であり、ケマルをはじめとした一部のエリートの考えが、トルコ全体に適用されることとなった。

(2) 現実に直面した西洋化

徹底した政教分離とは、国家の世俗化のためには社会や個人の世俗化が必須であるという考えであり、国家が宗教を管理統制することで制度上の脱宗教化を図っていった。男性のトルコ帽の禁止、公共の場で女性のスカーフ着用を禁止、文字改正によるアルファベットの導入が具体的な政策として施行された。

急速な西洋化に多くの国民は戸惑いを示した。特に地方の保守的な層にその傾向が強かった。しかし、ケマルの存命中は地方の不満が顕在化することはなかった。むしろ、一党独裁だったので、不満を表明する手段がなかったと言った方が適切かもしれない。一九三八年にケマルが死去し、一九四五年に複数政党制が導入されると、国民は選挙という自分たちの政治的判断を表明する手段を手に入れた。

そして、共和人民党の一党独裁は一九五〇年の選挙における民主党（DP）の勝利によって終わりを迎える。民主党の勝因は地方に多かった保守的な人々に配慮し、イスラームに寛容な政策を打ち出したことであった。例えば、アラビア語によるアザーン（礼拝の時間を知らせる呼びかけ）の詠唱を許可したり、宗教に関する出版の禁止措置を解除したりした。この時期、民主党によって新たに一五〇〇ものモスクが建設された。

さらに民主党はタブーであったケマル批判も行っていくことになる。結局、民主党は一九六〇年に軍事クーデターによって倒されるが、その後も民主党の系譜――地方の保守的な層を重視し、西洋化という理念をトルコの現実に即して進めようとする――はスレイマン・デミレルが率いた公正党（AP）や正道党（DYP）、トゥルグット・オザルが率いた祖国党（ANAP）などに脈々と受け継がれていくことになる。

(3) 親イスラーム政党の登場とその変遷

一九六〇年代末には、ネジメッティン・エルバカンによって「親イスラーム政党」である国民秩序党（MNP）が設立された。世俗主義を国是とするトルコにおいて、宗教政党は原則禁止とされている。そのため、国民秩序党はあくまでイスラームにシンパシーを持つ政党というスタンスをとった。現在の公正発展党や至福党（SP）に至るまでそのスタンスは変わっていない。ただし、軍部をはじめとした世俗主義勢力は、場合によっては親イスラーム政党も世俗主義に反するという立場をとったために、親イスラーム政党は解党と結党を繰り返すことになる。親イスラーム政党が確固たる地位を確立するのは、皮肉にも当初から一貫して批判していた欧州連合（以下、EU）加盟交渉の必要性を理解し、加盟交渉を進展させることを打ち出してからであった。軍部も西洋化を目指していたが、EU加盟交渉が進展するに連れ、軍部の政治的影響力は弱まる。

また、当初はイスラームの重要性を前面に押し出し、国民からも懐疑的に見られていた親イスラーム政党であるが、九〇年代初頭から弱者救済、福祉政策を強調するようになり、支持層を広げることに成功する。これは、それまで地方の保守層を重視してきた民主党の系譜を継いだ祖国党や正道党が新自由主義を全面的に取り入れたものの、グローバル化のなかで脆弱さを露呈し、そのしわ寄せが地方や低所得者層の弱者に向かったことへの反発でもあった。新自由主義を取り入れたが、弱者に対するセーフティネットを張ることができなかった祖国党や正道党は二〇〇〇年代に入ると、一気に弱体化し、泡沫政党へと転落した。

二〇〇一年八月に若手を中心に結党され、二〇〇二年一一月の総選挙で単独与党の座に就いた公正発展党は、EU加盟交渉を進め、新自由主義を取り入れるが弱者救済の政策も同時に展開したことで、保守層だけでなく、都市部のリベラルを自認する人々の支持も取り付け、安定した政権運営を実現した。言い換えれば、公正発展党は、理想と現実の間で悩むトルコ国民の実情も最もよく理解した政党であったと言えよう。

そして、その中心がエルドアンであった。エルドアンが牽引した公正発展党は保守陣営の統一を実現した。二〇一六年七月一五日クーデター未遂事件前まで、保守陣営は親イスラーム政党の公正発展党と民族主義政党の民族主義者行動党（ＭＨＰ）に分かれていたが、クーデター未遂事件以降、公正発展党と民族主義者行動党が協力したことで保守陣営は統一された。

ただし、公正発展党との協力に難色をしめした一部の民族主義者行動党の議員を中心に善良党（İＰ）が結成されるなど、一〇％前後の保守派は現在公正発展党と距離を置いている。世論調査会社Ｋｏｎｄａ社のベキル・アールドゥルによると、一九五〇年から七〇年の間、トルコの有権者は三つに大別され、その構造は現在も変化していないとされる。それらは、保守・右派、世俗・左派、そして親クルドである。七〇年間で世俗・左派が約一三％減少し、親クルドが約八％、保守・右派が五％上昇している。（表３参照）

表３　選挙における３つの陣営とその割合（1950年〜2023年）　（単位：%）

選挙年／陣営(年)	保守・右派	世俗・左派	親クルド
1950	58.0	40.9	1.0
1954	63.2	35.3	1.5
1957	58.8	41.1	0.1
1961	62.5	36.7	0.8
1965	65.1	31.7	3.2
1969	64.4	30.1	5.6
1973	57.5	39.7	2.8
1977	53.7	43.8	2.5
1983	68.4	30.5	1.1
1987	66.4	33.3	0.4
1991	67.5	32.4	0.1
1995	69.8	29.7	0.5
1999	61.3	37.8	0.9
2002	68.1	24.2	7.5
2007	73.1	21.7	5.0
2011	66.3	28.0	5.7
2015(６月)	60.7	26.4	13.0
2015(11月)	63.9	25.3	10.7
2018	66.6	22.7	11.7
2023	63.8	27.3	8.8

クルド・ナショナリズム

　ここでクルド人のナショナリズムについても端的に説明しておきたい。一九二三年一〇月二九日にトルコ共和国が建国されてからも、トルコ・ナショナリズムはトルコという国家を形作る六つの指針（通称、六本の矢）の一つとなり、追求された。西洋化を国家建設の中心に据え、西洋諸国をモデルとしたケマルにとって、ナショナリズムに基づく国民国家建設は自然の流れであった。

　しかし、トルコ・ナショナリズムによる国民国家建設にも問題はあった。トルコの南東部および東部に多く住んでいたクルド人たちの一部がトルコ・ナショナリズムに基づく国家建設に反対したのである。イラン系の帝国であるサファヴィー朝やガージャール朝に対する緩衝地帯として、長い間事実上の自治を謳歌してきたクルド人はオスマン帝国の「良き臣民」であり、オスマン帝国に対して好意的であった。第一次世界大戦後、英国はイラク北部モースルの支配を強化するために、クルド人自治領の必要性を訴え、オスマン帝国を分割するセーヴル条約にこれを盛り込んだ。こうした状況でも、クルド人の多くは英国の案には同調せず、むしろケマルが主導した祖国解放戦争に協力した。なぜなら、彼らはケマルが志向する新たな独立国家でもオスマン帝国と同様のカリフ制と多民族主義が敷かれ、自分たちは自治を享受できると考えていたためである。

しかし、クルド人の思惑は外れ、カリフ制は廃止、トルコ・ナショナリズムが強調されることとなった。ついに一九二五年、クルド人は蜂起する（シェイフ・サイドの乱）が、近代的な軍隊となりつつあったトルコ軍によって鎮圧された。この後、政策としてクルド人のトルコ人化が進み、一時、クルド人は「山岳トルコ人」と呼ばれ、クルド人のナショナリズムは否定された。こうした状況下で一部のクルド人は武力による独立を志向していくこととなる。それが一九七八年に結成された非合法武装組織であるクルディスタン労働者党（以下、PKK）である。一九八四年に「クルド人国家の樹立」を掲げてトルコ政府と抗争を始め、これまでにPKK、トルコの治安組織の関係者、巻き込まれた市民合わせて四万人以上が亡くなっている。一九九九年にPKKの党首、アブドゥッラー・オジャランが逮捕され、二〇〇二年に公正発展党が政権について以来、停戦と和平交渉が実施されてきた。二〇一三年三月から二〇一五年七月までこれまでで最長の和平交渉が行われたが、最終的に交渉は失敗に終わり、現在も抗争は続いている。

一方で親クルド政党も一九九〇年代初頭から立ち上げられ、解党と結党を繰り返しながらその影響力を高め、二〇一五年六月の議会選挙で人民民主党（HDP）が当時の足切りである一〇%以上の得票率を獲得してTBMMで議席を得て以来、一〇%前後の支持率を安定的に獲得して議席を確保し続けている。この点に関しては第3章で深掘りする。
クルド人はトルコ共和国の人口の二〇%前後を占めると言われており、南東部や東部に多い。ディヤルバクルがその中心都市である。しかし、一九五〇年代以降、多くのクルド人が都市に流入した。そのため、アンカラやイスタンブールには多くのクルド人が生活している。以前はクルド人であることを隠して生活する人が多かったが、今ではオープンに自分はクルド人であると名乗る人も多い。ほとんどのクルド人、特に都市部のクルド人はPKKの活動とは一切関係なく、トルコ人と同じように生活している。

現代のカリスマ、レジェップ・タイイップ・エルドアン

(1) エルドアンの出自

二〇二三年は公正発展党政権が政権を握ってから二一年目となる年である。二〇〇二年一一月の総選挙で勝利して以来、公正発展党は単独与党そして連立与党として二〇年以上トルコ政治の中心であり続けている。その公正発展党を牽引するのが、二〇〇三年から二〇一四年まで首相を務め、その後大統領となったエルドアンである。

エルドアンは一九五四年二月二六日にイスタンブールのカスムパシャで生まれ、幼年期を黒海地方のリゼで過ごし、その後再びカスムパシャに戻った。その後、イスラーム教の

エルドアン

説教師であるイマームの養成を目的に設立されたイマーム・ハティップ校に進んだエルドアンは卒業後、一般の高校に通って大学試験を受ける資格を得た。そして、アクサライ経済・商業高等学校（後のマルマラ大学経済行政学部）に進学した。一九六九年に親イスラーム政党、国民秩序党の関連組織である国民トルコ学生連合に加わり、一九七六年には二二歳という若さでエルバカンが率いていた国民救済党（MSP）のイスタンブール・ベイオール地区青年部長、そしてイスタンブール青年部長となった。一九八四年には福祉党（RP）のベイオール地区部長、翌年にはイスタンブール支部長、そして一九八六年には福祉党の中央幹部委員会のメンバーに選出された。しかし、エルドアンは選挙ではなかなか勝利することができず、三度も選挙で敗北する。そのようななか、一九九四年の地方選挙で福祉党から出馬し、イスタンブール大都市市長に当選したことがエルドアンの大きなターニング・ポイントとなった。

彼は大都市市長として、浄水の普及や交通整備といった長年イスタンブールで問題とされてきた分野での改革に着手した。市政の経験は政治家エルドアンを形作るうえで重要であった。エルドアンはイスタンブール大都市市長、首相、そして大統領という職を合わせ

表4　親イスラーム政党の変遷

政党名／項目	設立（年・月）	解党（年・月）	主な党首
国民秩序党	1970.1	1971.5	ネジメッティン・エルバカン
国民救済党	1972.10	1981.10	ネジメッティン・エルバカン
福祉党	1983.7	1998.1	ネジメッティン・エルバカン
美徳党	1997.12	2001.6	レジャイ・クタン
至福党	2001.7	-----	テメル・カラモラオール
公正発展党	2001.8	-----	レジェップ・タイイップ・エルドアン
新たな福祉党	2018.11	-----	ファーティフ・エルバカン
未来党	2019.9	-----	アフメット・ダヴトオール
民主主義進歩党	2020.3	-----	アリ・ババジャン

て二五年以上も経験しており、その経験値は計り知れない。長期に政治に関わってきた政治家としては首相を五度務めた後大統領職にも就いたデミレルや首相を四度務めたビュレント・エジェヴィトなどの名もあげられるが、エルドアンほど切れ目なくトルコ政治に影響を与え続けた政治家は一党独裁時代のケマルか二代目大統領のイスメト以外は存在しない。複数政党制の時代でこれだけ長期に権力を維持しているのは異例である。

カスムパシャ出身でイスタンブール大都市市長を経験していることもあり、エルドアンは常にイスタンブール重視の姿勢が目に付く。しかし、アンカラの郊外にもエルドアンの支持者が多いのは先ほど述べた通りである。例えば、ケチオランにはエルドアン支持者が多く、票田の一つになっている。アンカラの中心地であるクズライやカヴァクレデレから見てエセンボア空港の方向であるケチオランには、公正発展党政権になって完成した

ケチオランのTOKİの住宅

大規模な公園である北極星公園、そして集合住宅開発局（TOKİ）によって建てられた新しい集合住宅が目立つ。公正発展党政権以前は、第2章で触れるように多くのゲジェコンドゥが目立った地域だが、今ではエセンボア空港からアンカラに入る際には新興住宅地域と北極星公園が目立つようになった。

エルドアンは首相時代にカヴァクレデレやオランなどの古くからの高級住宅地、また公正発展党の支持者が多い高級住宅地であり、公正発展党の本部に近いチュクランバルではなく、ヤヴズ・ドナトというケチオランの家に住んでいた。そのためか、ケチオランにはエルドアン通りもある。また、ケチオランからさらにエセンボア空港に寄ったプルサクラルにはレジェップ・タイイップ・エルドアン公園がある。同名の公園はイェニマハッレのメリヒ・ギョクチェク通りにもある。存命の政治家ながらアンカラにはエルドアンの名を付した施設が多い。

　ここでTOKİについても触れておこう。エルドアンは一九九九年のマルマラ海沖で発生した地震への対応と二〇〇一年の金融危機で機能不全となっていたTOKİを首相府直属の機関として立て直した。そして、二〇〇八年までにTOKİによって約三五万戸の住宅が新たに建設された。その内の五万二五〇〇戸が収益のために売りに出され、それ以外の二九万七五〇〇戸が低所得者層と中所得者層に提供された。また、TOKİは数多くのモスク、学校、病院、学生寮、スタジアムの他、低所得者向けの施設も多く手がけた。さらにTOKİはトルコ外交の一環として海外での建設事業にも携わることもあり、公正発展党政権下でその存在感を発揮している。

(2) エルドアンの権力強化

　とはいえ、公正発展党が勝利した後も、エルドアンは最初から政界で影響力を十分に行使できたわけではなかった。エルドアンはイスタンブール大都市市長時代の一九九七年一二月、公務中に政教分離に反する詩を詠んだことで逮捕され、一〇ヵ月の刑が言い渡された。そのため、一九九九年三月から七月まで服役し、公正発展党が二〇〇二年一一月の総選挙で勝利した際も党の代表ながら当初は首相職に就くことができなかった。

エルドアンのポスターが掲げられた公正発展党本部

（3）単独与党としての公正発展党

二〇〇二年の総選挙で単独与党の座に就いた公正発展党であったが、自分たちが思うような政権運営は必ずしもできていなかった。最大の障害は元憲法裁判所判事で世俗派に位置付けられるアフメット・ネジデト・セゼル大統領の存在であった。二〇〇〇年五月から二〇〇七年八月まで大統領を務めたセゼルは、公正発展党が可決した多くの法案を大統領権限によって差し戻しを行うことで、公正発展党の影響力を制限してきた。そのため、エルドアンをはじめとした公正発展党の政策決定者たちは大統領選挙で公正発展党に近い人物が選出されることを望んでいた。TBMMの議席数で有利に立っていた公正発展党は、セゼルの任期満了による二〇〇七年大統領選挙で当時外務大臣を務めていたアブドゥッラー・ギュルを擁立したが、これに対して軍部がウェブサイト上で「トルコ軍部はトルコ共和国の不変の特徴を守るという原則に基づき、軍部としての義務を果たす決定を下す」という文章を掲載し、ギュルの大統領選出を牽制した。しかし、この軍部の行動はEUから「トルコの軍部は非民主主義的な方法でイスラーム系の大統領の選出を拒んでいる」と非難され、最終的にギュルが大統領として選出された。この軍部の行動はEクーデターと呼ばれたが、前述したように、EU加盟交渉によって影響力が弱まりつつあった軍部の最後の抵抗であった。

アフメット・ネジデト・セゼル

アブドゥッラー・ギュル

ギュルが大統領に就任して以降、公正発展党の影響力が拡大した。さらに二〇一〇年九月一二日の国民投票で可決された憲法改正案でそれが決定的になった。この憲法改正は軍部、そして軍部とならび公正発展党の活動を制限してきた憲法裁判所にもおよんだ。

まず、軍部に関しては、第一二五条（高等軍事評議会の決定を控訴することができる）、第一四五条（民間法廷は軍人を裁くことができる。一方で軍事裁判所は戦争期間以外、市民を裁くことはできない）、第一四八条（市民は個人的に憲法裁判所や最高裁判所に申請する権利を持つ。また、権力を乱用した場合は統合参謀総長、司令官、国会議長も裁判の対象となる）、第一五六条（軍事最高控訴裁判所の組織と機能を再編）、第一五七条（軍事最高行政裁判所の機能を法廷の自由に基づいたものにする）、移行条項第一五条（一九八〇年クーデターの実行者たちの控訴を禁止する規則の撤廃）が決定した。

そして憲法裁判所に関しては、第一四六条（憲法裁判所の規模と人員を再編し、人員を現在の一一人から一七人に拡大する）、第一四七条（新たな憲法裁判所の裁判官の任期は一二年または六五歳に至るまでとする）、第一四九条（政党解散命令または年次の憲法改正に必要な憲法裁判所における定足数を、今までの議席の五分の三から三分の二に変更する）が決定した。

この二〇一〇年の憲法改正で、これまでの世俗主義が有利な構造は修正された。憲法裁判所ではセゼルによって任命された世俗主義に傾倒する裁判官が二〇一九年には全員退職した。その結果、二〇一〇年代後半にはギュル、そしてエルドアンによって指名された保守的な裁判官が主流となり、憲法裁判所は公正発展党に近しい組織へと変貌した。また、軍部と公正発展党の関係も二〇一〇年代半ば以降、劇的に改善する。そのきっかけは、第4章で詳述する二〇一六年七月一五日のクーデター未遂事件であった。この事件以降、当時統合参謀総長であったフルシ・アカルとエルドアンは信頼関係を築き、アカルは二〇一八年七月にエルドアンからトルコ共和国史上初めて現役の軍人として国防大臣に任命された。さらに二〇二三年六月に発表された新たな内閣では、アカルの後任に同じくそれまで統合参謀総長を務めていたヤシャル・ギュレルが就任した。このように二〇二三年七月現在、公正発展党と軍部は良好な関係を維持している。

こうした状況になると数で勝る保守層が主な支持者である公正発展党が選挙戦で俄然有利となった。エルドアンはこれまで世俗主義に有利な状況を修正しようとしてきた政治家、具体的には一九五〇年代に首相として活躍したアドナン・メンデレス、一九八〇年代から九〇年代前半にかけて首相、大統領として活躍したオザルに敬意を表してきた。二〇一〇年の憲法改正に至り、こうした先人たちが追求した状況に到達するとともに、世俗主義の理想と現実の乖離が、現実に即した形で決着したことを意味した。一方でエルドアンは世俗主義を国家運営の基軸の一つに据えたケマルにも敬意を見せている。ただし、その敬意は国家運営に関してではなく、西洋列強に支配されそうになったトルコ人を救い出し、トルコ共和国を建国したことに対するものである。ケマルの国家運営の基軸、加えてケマルがイスラームを後進的と考え、オスマン帝国の歴史を考慮しなかったことに関しては不満を抱いていたことは明らかである。

（4）強い大統領への道

二〇一〇年代になると、エルドアンはより強い権力を持ち、トルコを牽引することを目指した。その第一歩が二〇一四年八月の大統領選挙への出馬であった。この選挙からそれまで国会議員によって選ばれていた大統領選挙を国民の直接選挙とすることとなっていた。エルドアンはこの大統領選で五一・八五％の得票率によって第一二代大統領に選出された。エルドアンは大統領に選出されると、国民の直接投票によって選ばれた大統領ということで、それまでの大統領以上の権力の確保を目指した。エルドアンは行政権を持たない大統領ながら、積極的に政治に介入した。しかし、そうしたエルドアンの姿勢は当初、有権者に嫌煙され、二〇一五年六月の総選挙で公正発展党が第一党の座を維持しながら、二〇〇二年一一月の総選挙以来、初めて単独与党の座を失った結果に影響したと言われている。

こうしたエルドアンの姿勢に国民が理解を示すようになるのは、二〇一六年七月一五日クーデター未遂事件でエルドアンがリーダーシップを発揮して以降である。クーデター未遂事件の首謀者とトルコ政府が名指しで批判しているフェトフッラー・ギュレン師率いるギュレン運動、さらにはその前年、二〇一五年七月末に和平交渉が破断したPKK、そして二〇一五年一〇月にアンカラ駅で過去最大の被害を出したテロを実行した「イスラーム国（以下、IS）」に共鳴したグループなど、トルコは未曽有の危機に立たされていると感じるトルコ人が多かった。こうした状況においては、強いリーダーが国を牽引していくのが望ましいというのがトルコ人の総意であった。

エルドアンもトルコの一体性を強調し、トルコ人のナショナリズムを高揚させた。エルドアンや公正発展党の政治を説明する際に用いられる形容詞は、それまで親イスラームだったが、クーデター未遂事件以降はそこにトルコ・ナショナリズムが加えられるようになった。こうした状況で、トルコ民族主義政党の民族主義者行動党が公正発展党と協力関係を形成、それによりTBMMで大統領がより強い権力を行使可能な大統領制への移行を中心とした憲法改正に向けた動きが進んだ。

具体的には、TBMMの全五五〇議席中、三六七議席の賛成があれば議会を通過し、大統領が承認するだけで改正となった。また三三〇議席の賛成があれば、議会通過後、国民投票でその是非を問うことが可能であった。公正発展党は当時TBMMで三一六議席を有していたが、それだけでは三六七議席はおろか三三〇議席にも達していなかった。そのため、当時四〇議席を有する民族主義者行動党の協力は公正発展党にとって願ってもないものであった。

両党は二〇一六年一二月一〇日に二一項目の憲法改正をTBMMで審議することを要請し、二〇一七年一月二〇日に両党の議員三三九人の賛成で一八項目の憲法改正案がTBM

2023年選挙キャンペーン中にクズライに貼りだされたエルドアンのポスター

Mで承認された。そして、同年四月一七日に実施された国民投票では、賛成五一・四%、反対四八・五%という結果となり、賛成が過半数を超えたために憲法改正による大統領制の導入が確定した。大統領制移行によって拡大した大統領権限として、行政権、副大統領の任命、議会の解散権、非常事態宣言、予算案の提出、大統領でも政党に所属可能、といったものがある。

そして二〇一八年六月二四日の大統領選挙でエルドアンは五二・五%の得票率で再選され、大統領制下で初の大統領となった。二〇二三年五月にはエルドアンの大統領任期満了に伴い、再度大統領選が実施された。エルドアンはすでに大統領を二期にわたり務めたが、一期目は議院内閣制下での大統領職だったため、高等選挙委員会の判断で出馬が認められた。二〇二三年五月一四日の大統領選挙は、公正発展党と民族主義者行動党を中心とした与党連合、人民連合の候補のエルドアンが得票率四九・五二%、野党連合、国民連合の候

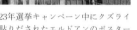

補である共和人民党党首のケマル・クルチダルオールが得票率四四・八八％、右派のシナン・オアンが得票率五・一七％、前回の二〇一八年大統領選挙で共和人民党の大統領候補として善戦したムアレム・インジェが得票率〇・四三％という結果で、過半数を獲得する候補が出なかった。そのため、得票数一位のエルドアンと二位のクルチダルオールの決選投票が五月二八日に実施され、その結果、エルドアンが再度大統領に選出された。これにより、エルドアンは二〇二三年一〇月二九日の建国一〇〇周年の際の大統領となるだけでなく、二〇二八年まで合計一四年間大統領職を務めることが決定した。一四年間という大統領職の期間は、ケマルの一五年間に次いでトルコ共和国史上二番目の長さとなる。

(5) エルドアン人気の秘訣

エルドアンがこれほどまでに人気を誇る理由は何なのだろうか。一つ目は前述したようにそのリーダーシップである。これは国内政治だけでなく、国際政治の場面でも発揮されてきた。

古くは二〇〇九年一月のダボス会議で当時首相だったエルドアンがガザ攻撃を実施したイスラエルのシモン・ペレス大統領に対して苦言を呈したことが想起される。二〇一七年には、米国のドナルド・トランプ大統領がエルサレムをイスラエルの首都として認定するということを一二月六日に発表した際、当時イスラーム協力機構（以下、OIC）の議長国を務めていたトルコは同月一三日にイスタンブールでOICの緊急首脳会合を開催し、その会議で東エルサレムをパレスチナの首都とすることなどを明記した「イスタンブール宣言」を採択した。

また、二〇二二年二月末に勃発したロシアのウクライナ侵攻において、エルドアンはロシアのウラジミール・プーチン大統領とウクライナのウォロディミル・ゼレンスキー大統領の間の仲介を行い、同年三月九日に、ウクライナ危機勃発後初めて両国の外相がトルコで外相会談を開催した。またこの危機により、世界有数の穀倉地帯であるウクライナの小麦が輸出できなくなったことを受け、ウクライナの港を封鎖したロシアに対し、国連、そしてモントルー条約によって黒海の出入り口であるボスポラス海峡とダーダネルス海峡を管理するトルコが説得する形でウクライナの小麦輸出再開を模索した。同年七月一三日にイスタンブールで四者協議が実施され、ウクライナの小麦の輸出が実現し、イスタンブールには両海峡を通る船をチェックする調整センターが設置された。この国連とトルコの説得による小麦輸出は約一年間継続した。エルドアンだからこそ成し得たこうした国際社会での存在感の高まりにトルコ国民は胸を高鳴らせた。

二つ目はその親しみやすさにある。首相、大統領になっても散髪は故郷のカスムパシャ

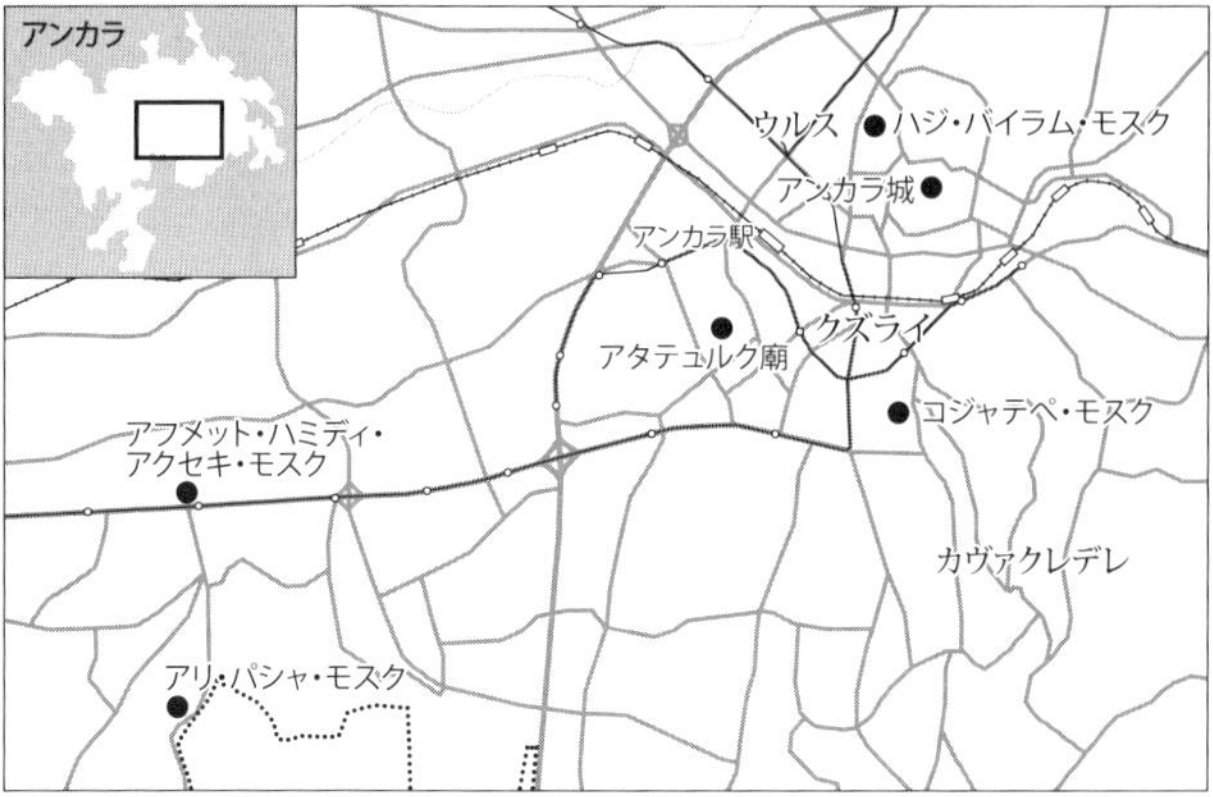

アンカラのモスク

の床屋で済ませたり、選挙キャンペーン中なども人々に気さくに話しかけたり、一緒に写真を撮ったりする。そうしたフランクな姿勢、言い換えれば「人たらし」なところが人気の秘訣である。

三つ目は、出自などもエリートではなく、たたき上げでここまで上り詰めた経歴だろう。幼少時には路上で商品を売った経験もあるなど、苦労もしている。一般市民もエルドアンに自身を重ねやすく、共感しやすくなると考えられる。

アンカラにおける宗教

(1)アンカラのモスク

保守的なトルコ人の多くはイスラームを重視している。トルコ人の九八～九九%はムスリム(イスラーム教徒)で、九四%の人がアッラーの存在を信じているという調査結果が出ている。日々の礼拝を重視するムスリムにとって欠かせない施設がモスク（トルコ語でジャーミー）である。歴史的な都市であるイスタンブールにはブルーモスクをはじめ、多くの素晴らしいモスクが点在している。その点、首都としての歴史が浅く、また、ケマルの世俗主義の影響を強く受けているアンカラにはそこまで荘厳なモスクは少ない。

とはいえ、もちろんアンカラにもいくつかの有名なモスクは存在する。例えば、コジャテペ・モスクである。コジャテペ・モスクはアンカラの中心であるクズライから歩いて一〇～一五分程度の場所に位置する。多くの人々が集まるクズライと、それよりもハイソでシェラトンやヒルトンがあるカヴァクレデレをつなぐ場所にある。近くには映画館や若者に人気なカフェなどが散見される。コジャテペ・モスクでインパクトがあるのは、一階の一部がスーパーマーケットになっている点、そしてモスクの下を車が通るトンネルとなっている点である。

断食の際のイフタール（断食明けの夕食）では多くの人がこのモスクに集まり、食事を摂る。筆者も留学時代、イラン人の友人たちと一度ここでイフタールに参加したことがあり、美味しいレンズマメのスープを飲んだが、大変な賑わいを見せていた。

トルコの親イスラーム政党の生みの親であるエルバカンや二〇二三年七月時点で大統領

コジャテペ・モスク

コジャテペ・モスク。その下にはスーパーマーケットが入る

を務めているエルドアンもたびたびこのモスクに礼拝のために訪れている。また、民族主義者行動党の初代党首であったアルパスラン・トゥルケシュの葬儀もここで行われた。

　先ほど、イスタンブールには歴史的なモスクが多いと書いたが、アンカラのモスクの特徴はその新しさだろう。コジャテペ・モスクも一九六七年に工事が始まり、完成したのが一九八六年五月とされる。さらに郊外のビルケントにインパクトの強いモスクが二つあるが、それらはさらに新しい。ハジェテペ大学およびビルケント大学の創始者であるイフサン・ドーラマジュの墓が併設されているアリ・パシャ・モスク、そして大規模な国立病院に隣接するアフメット・ハミディ・アクセキ・モスクがそれである。前者はドーム型の建物と庭が美しいモスクで二〇〇八年に完成、後者はアンカラ最大のモスクで、二〇一三年に完

アリ・パシャ・モスク

アフメット・ハミディ・アクセキ・モスク

成した。

（2）女性のスカーフ

ムスリムの女性はスカーフを被っていると思われがちだが、世俗主義が浸透しているトルコではトルコ共和国建国後、先述した世俗主義化により、むしろ公共の場でスカーフを被ることが禁止されていた。例えば、大学も公共の場であるので、信仰心が篤く、スカーフを被っている女性は大学の外でスカーフを外す、もしくはかつらに変えて登校する様子が見られた。しかし、二〇〇七年に公共の場でもスカーフの着用が認められ、現在では大学の校内など公共の場でもスカーフを身に着けた女性を多く見かける。大学校内でスカーフをしている女子学生とつけていない女子学生が仲良く歩く場面にもたびたび出くわすことがある。こうした風景はトルコ特有である。また、スカーフの長さもアンカラの中心部では頭に被るだけのものが一般的である。エセンボア空港に行くと、よりすっぽり全体を覆うような形状のものを身に着けている地方から来た年配の女性や他国から来たムスリム女性を見かけることがある。

現実に直面するトルコ

本章では、西洋化とイスラームのはざまで揺れるトルコ共和国の一〇〇年を足早に確認しつつ、西洋化＝文明化／近代化と信じて推し進めたケマル、ムスリムが大多数という現実を政治にも反映させようとした保守派の悲願を達成したエルドアンについて詳述した。トルコ共和国一〇〇年の歴史はケマルの指針を推し進める世俗主義と保守派の間の権力闘争であった。しかし、ここ二一年間の公正発展党の統治を見ると、現在は数で勝る保守派がエルドアンのカリスマ性によってまとめられ、優位に立っているという状況である。

建国一〇〇年目の節目に当たる二〇二三年の五月の大統領選挙・総選挙でエルドアンが勝利し、公正発展党が二〇〇二年以降切れ目なく第一党の座を確保したことが何よりの証拠である。もちろん、大統領選挙が接戦で決選投票までもつれ込み、野党第一党が世俗主義政党の共和人民党であるため、今後、世俗主義を撤廃するといったようなドラスティックな変化が起こる可能性は極めて少ない。次の一〇〇年でこのような状況がどのように変化していくのだろうか。イスラームやトルコ・ナショナリズムを前面に押し出す保守派の勢いがさらに増すのか、それとも西洋化への揺り戻しが起こるのか、まだ不透明な状況である。

第2章　郊外都市への変貌

都市化と住宅問題

この章ではアンカラの都市化に関して考察を深める。アンカラの都市の概要は第1章で触れたが、どのように都市が拡大してきたのかについてこの章で確認していこう。アンカラに旅行に訪れたら、まずはホテルで一服したいところだ。そして、移動は徒歩、タクシー、地下鉄、少しハードルは高いがバスを使用する人がほとんどだろう。アンカラは坂が多く歩きづらいのでやはり交通機関の使用は必須である。そして旅の醍醐味と言えばやはり買い物と食事だろう。アンカラには多くの書店、そしてショッピングモールがある。また、研究者や学生でない限り、なかなか訪れる機会はないかもしれないが、大学は都市の中で重要な機関の一つである。本章では都市化の一環として、交通機関、大学、本屋、ショッピングモール、ホテル、そして合間に飲食関係などもみていこう。

「はじめに」で触れたように、アンカラはヒッタイトの時代以降、トルコ共和国の首都となるまで、大きな発展を遂げることがなかった。ローマ時代の人口は三万人ほどと推定されているが、一七世紀初頭は二万人、第一次世界大戦後の時期もほぼ二万人であった。

しかし、首都として定められ、政治の中心地の機能を果たすようになると、急速に発展した。アンカラの都市化は、建国当初、ＴＢＭＭが置かれていたウルスを中心に進められ

クズライの古い建物

た。アンカラの都市化に貢献した人物として有名なのが、ドイツ人の建築家、ヘルマン・ヤンセンである。ベルリンの都市化を実現したことで名声を高めたヤンセンはアンカラの都市化に関するアドバイザーとしてトルコ政府に招聘された建築家の一人であったが、その都市化のプランが採用され、ヤンセンは一九二八年から三八年までトルコに滞在した。彼はアンカラだけでなく、南東部のアダナの都市化にも貢献した。

ヤンセンの都市化プランは一九三二年から五〇年まで継続し、具体的にはウルスからクズライ、そして国立図書館、アタテュルク廟に至るまでの地域が整備された。その中でも重要だったのがゲンチリック公園、アンカラ大学医学部、鉄道のアンカラ駅、アンカラ大学ジェベジ・キャンパス、そしてＴＢＭＭをはじめとした政府の建物であった。このように、一九五〇年までにアンカラの中心はウルスに加えてクズライ、そしてバフチェリエヴラルなどが含まれるようになった。

このアンカラの都市化と同時に新たな問題として発生してきたのが、ゲジェコンドゥの問題である。ゲジェコンドゥは直訳すると、「一晩で建てた小屋」という意味である。アンカラが都市化するにつれ、次第に多くの人々がアンカラの郊外もしくはアンカラ以外の県から流入してきた。一般の住宅に住むことができなかった彼らが住まいとしたのが違法に建てられたゲジェコンドゥであった。

ゲジェコンドゥはトルコ全土で問題となるが（図1参照）、首都アンカラはその問題が特に深刻であった。問題が顕在化するのは一九五〇年代だが、現在はアンカモールという巨大なショッピングモールが建つアクキョプルなどに早くも一九三三年にゲジェコンドゥが出現している。その後、一九四〇年代からは中心部のウルスに隣接するアルトゥンダーにも大量のゲジェコンドゥが建設された。アルトゥンダーでは一九三七年に二万戸だったゲジェコンドゥが一九五〇年には一〇万戸に急増した。一九六〇年代の調査によると、アンカラの家の六四％がゲジェコンドゥだとされている。

ゲジェコンドゥにはトルコ人だけでなく、クルド人、アルバニア人、タタール人、ロマなども住んでいたと言われる。アンカラのゲジェコンドゥ問題が大方解消されるのは二〇〇〇年代に公正発展党が進めた都市化計画以降である。公正発展党は集合住宅開発局（以下、TOKİ）を立ち上げ、ゲジェコンドゥを一掃するとともにゲジェコンドゥに住んでいた住民のために同じ地域に清潔で見た目も良いマンションを建設し、安価で提供した。これにより、アンカラをはじめ、多くの地域でゲジェコンドゥはかなり少なくなった。私が初めてトルコを訪問した二〇〇四年は、アンカラのエセンボア空港から市街へ向かう道中に多くのゲジェコンドゥを確認することができた。しかし、現在ではアルトゥンダーなど、ほんの一部の地域のみゲジェコンドゥが見られる。アルトゥンダーの「ダー」は、トルコ語で山を意味し、その意味に即して山に沿った居住地域である。ここも市街からよく見える表側はゲジェコンドゥが少なくなったが、裏側にはいまだにゲジェコンドゥが存在している。

アンカラで現存するゲジェコンドゥ

二〇一一年一一月七日のサバフ紙の記事によれば、トルコ全土で家屋全体の三〇％がゲジェコンドゥのような違法建築であり、その割合は都市部ほど多く、アンカラは全体の七〇％、イス

図1　トルコにおけるゲジェコンドゥ（違法建築）の数

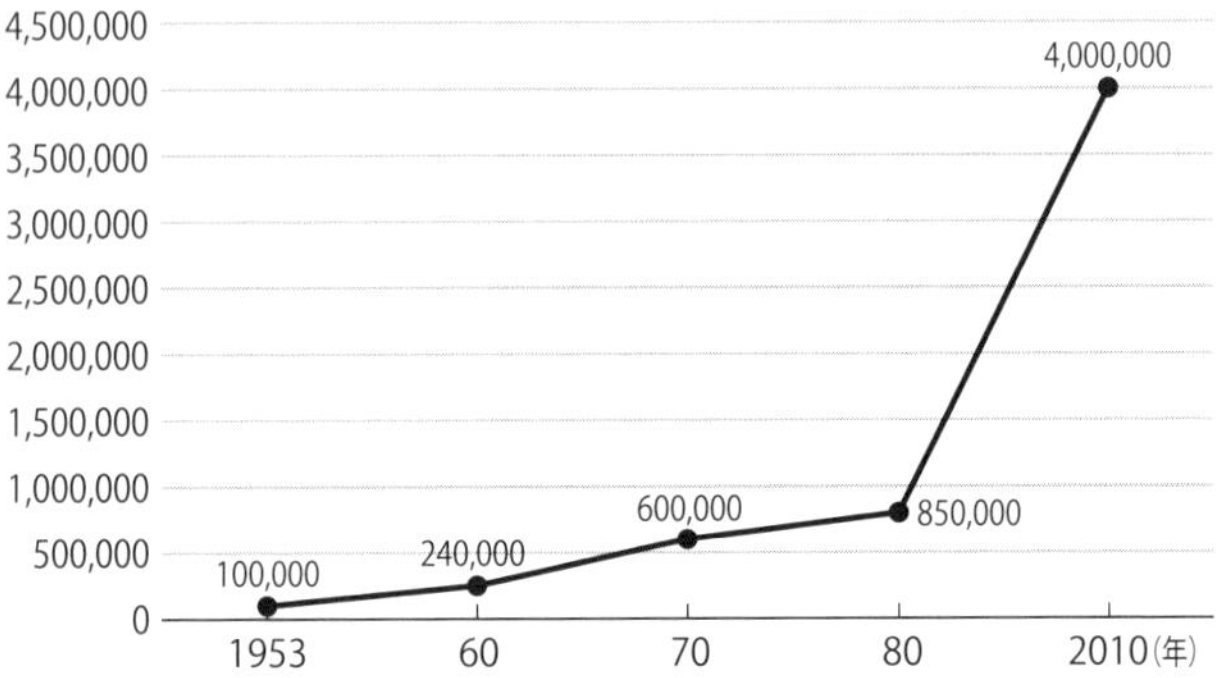

参照："Türkiye' de 4 milyon gecekondu var!", *Sabah*, 11 Kasım 2011

タンブールは六〇〜六五%、イズミルとアダナで五〇%、サムスンとエルズルムで四〇%、ディヤルバクルが三〇%となっている。トルコ全体で違法建築の三三%がイスタンブール、三〇%がアンカラ、一二%がイズミル、五%がアダナ、四%がブルサとなっており、やはり大都市でゲジェコンドゥのような違法建築が多かった。とはいえ、くり返しにはなるが、こうした状況もTOKİによる新興住宅地の建設でだいぶ目立たなくなっている。（図1参照）

トルコの中でも地震が少ない

もちろん、アンカラにはゲジェコンドゥ以外の古い建物も残っている。特にウルスやクズライで古い建築物を今でも見ることができる。ウルスの中心部にはイシュ銀行やズィラート銀行をはじめ、共和国建国初期のなごりが見られる。クズライの中心部には省庁のビルや雑居ビルとしていまだに古い建築物が使用されている。

こうした古い建物は耐震が気になるところだが、アンカラはトルコの中でも地震が少ない地域である。筆者もアンカラに合計で六年住んでいるが、震度三以上の地震が起きたことは一度もない。とはいえ、トルコはイランからマルマラ海に抜ける断層、そしてトルコの南東部からイズミルに抜ける断層という大きな断層が二つ通っているため、地震大国として知られている。トルコが地震大国と呼ばれる所以についても振り返っておきたい。

ここ四半世紀だけでもマグニチュード六以上の地震が二〇二三年二月六日の大地震を含め八回起こっている。一九九九年八月にイスタンブールに近い県であるコジャエリでマグニチュード七・六の地震が発生し、約一万七五〇〇人が命を失った。二〇二三年の地震同様、建物の倒壊による死者が多かった。イスタンブール周辺の人口は約三〇〇〇万人と多く、かつ歴史的な都市であるイスタンブールは建物の老朽化も激しかったため、大きな被害を出した。また、この地震の後の同年九月に隣国ギリシャのアテネでもマグニチュード五・九の地震が起こった。さらに同年一一月、八月の地震の余震と見られるマグニチュード七・二の地震がコジャエリに近いデュズジェで発生し、八四五人が命を落とした。その後、二〇〇〇年代は二〇〇三年五月にビンギョルで発生したマグニチュード六・四の地震を除き、大地震の発生はなかった。二〇一〇年代は初頭に東部で大規模地震が発生した。二〇一〇年三月にエラズーでマグニチュード六・一の地震が発生し、翌二〇一一年一〇月には同じく東部のヴァンでマグニチュード七・二の地震が発生、六四五人が命を落とした。ヴァンでの地震は記憶に残っている方もいるだろう。地震発生後、支援団体がヴァンに入ったが、その中には日本の「難民を助ける会」のメンバーも含まれていた。その中の宮崎淳さんが救援活動中に余震でホテルが崩れ、殉職した。イスタンブールのサルエル区には宮崎さんの名を冠した公園が作られるなど、トルコ国民の中でも宮崎さんの名は有名である。

アンカラ市のトラックに支援物資を持ち寄るアンカラ市民

その後、九年間大規模地震は発生しなかったが、二〇二〇年代になり、再度トルコ周辺の断層は活発化する。二〇二〇年一月にエラズーでマグニチュード六・八、一〇月にイズミルでマグニチュード七・〇近い地震が発生した。そして二〇二三年二月六日、トルコの南東部で二度の大地震が発生、トルコ、そして国境を挟んだシリアで合わせて五万二〇〇〇人以上の死者を出した。一度目の地震はマグニチュード七・七〜七・八と推定され、ガズィアンテプとカフラマンマラシュの県境が震源であった。二度目の地震はマグニチュード七・五〜七・六の規模でカフラマンマラシュが震源であった。日本で二〇一一年三月一一日に起きた東日本大震災が津波で多くの被害者を出したのに対し、これまでのトルコの大地震は建物の倒壊による被害がほとんどであった。

都市化と飲食業

アンカラの町が発展していく中で中心となったのは飲食業であった。ケマルはアンカラの郊外にアタテュルク森林畜産場を作り、そこで大規模な乳製品の製造と販売事業を進めた。現在でもアタテュルク森林畜産場は稼働しており、良質の乳製品や植木などを提供している。市内にはアタテュルク森林畜産場直送のスーパーマーケットもある。また、森林畜産場の近くにはケマルが訪問したと言われるレストランもある。

トルコと言えばドネルケバブがすぐに思い出される。クズライなどでは今でも多くのドネルケバブの店がある。ケバブは「焼いた肉」の意味で、ドネルは「回す」という意味の動名詞なので、直訳は「回し焼肉」である。ケバブには色が薄い鶏肉と濃い牛肉がある。

アタテュルク森林畜産場近くのレストランの特別室。建物は変わったが、かつてケマルも訪れたと言われている

牛肉の方がジューシーだが価格も高い。基本はエキメックアラス・ドネル（パンで挟んだドネル）、ドゥルム・ドネル（日本で言うラップ）、そしてピラウウストゥ・ドネル（ピラフの上にドネルをのせたもの）である。ケバブと一緒によく注文されるのが、酸っぱい味が特徴のヨーグルト・ドリンク、アイランである。

　また、クズライはサカリヤ通りを中心に、トゥナルからカヴァクレデレ周辺はテュヌス（チュニジア）通りなどに多くのメイハーネがひしめいている。また、カフェと言えば退職した男性たちが集い、バックギャモンなどをしながら時間つぶしをする社交場であった。コーヒーもトルココーヒー、もしくはネスカフェのインスタントコーヒーが一般的であった。

　しかし、最近のトレンドは異なってきている。ドネルケバブもまだまだよく見かけるが、近年はトルコで空前のハンバーガーブームとなっている。マクドナルドやバーガーキングのようなファーストフードではなく、肉にこだわった本格的なハンバーガーである。エキメックアラス・ドネルがトルコで一般的なずんぐりむっくりしたバゲットを使用するのに対し、ハンバーガーは当然丸いバンズを使用する。トルコで昔からあるキョフテ（肉団子）のエキメックアラスと何が違うのか、若干とまどうものの、美味しいことは美味しい。また、メイハーネよりもナルギレ、つまり水たばこを吸う店が近年多くできているように感じる。ここはお酒を飲まない保守的な人々でも利用できる。若者も多い。酒税が上がり、お酒を提供する店を展開するのが難しくなったという側面もある。

エキメックアラス・ドネル（左）とドゥルム・ドネル（右）

カフェも二〇〇〇年代に入り、スターバックスをはじめとした欧米のカフェが上陸し、フィルターカフェを提供するようになった。しかし、二〇一〇年代後半以降、コーヒーブームが到来し、いたる所にフィルターカフェの店が出店し、日本で一足早くそうした文化が根付いたように、焙煎したコーヒー豆や粉を売るようになった。こうした変化はアンカラの町のどの場所でも見ることがで

最近流行りのハンバーガー店

きる。例えば、学生など若者を中心に活気があるバフチェリエヴラルのアシュカバット通り（以前は第七通りと呼ばれた）はいまやハンバーガー店、美味しいコーヒーを売るカフェが乱立している。

多くのオフィスビルの一階（トルコでは〇《ゼロ》階）にもカフェやスターバックスをはじめとしたおしゃれなカフェが入っている。そうした中でトルコの文化は徐々に変化しつつある。日本でも現在は持ち直しているが、一時的に日本酒や甘酒、葛湯などの伝統文化が廃れる、もしくは忘れ去られたのと同様にトルコでもトルココーヒー、ラク、ボザ（きびを発酵させた飲料。冬に飲まれる）といった伝統文化から徐々に若者が離れつつある。今やアルコールと言えばラクよりもビールやワインが一般的となっている。

コーヒーの会社でも存在感を示しているトルコの会社もある。例えば、カフェ・ドゥンヤスではフィルターカフェも提供するが、上品なトルココーヒーを飲むことができる。また、トルココーヒーの粉も購入可能である。そしてトルココーヒーで最も有名なメーカーがメフメット・エフェンディである。メフメット・エフェンディは一八七一年に創設された歴史あるトルココーヒーのお店で、実店舗こそイスタンブールのエミノニュ、カドゥキョイ、シルケジだけだが、トルコの多くのスーパーでメフメット・エフェンディのトルココーヒーの粉を買うことができる。

カフェ・ドゥンヤスの車

カフェ・ドゥンヤスのトルココーヒー

アンカラの名酒場、クムサル

また、こうした伝統文化の有名店の移転は都市化の方向性にも左右される。手軽な値段でラクをはじめとしたアルコール、ラクに合う前菜を提供してきた名酒場であるクムサル、タブックチュはもともとクズライにあったが、それぞれガズィオスマンパシャ、チャイヨルに移転した。ガズィオスマンパシャやチャイヨルは世俗主義の傾向が強く、メイハーネも多い。また、ボザの有名店でウルスとクズライに店があったアクマン・ボザは現在、郊外のイェニマハッレに移転した。このように現在のアンカラはウルス、クズライ、トゥナルといった以前の中心よりも郊外型都市として発展しつつある。

郊外にあるアスパヴァ

アンカラで有名なケバブ屋も紹介しておこう。それはアスパヴァ（ASPVA）という名前の一連の店である。ASPVAは Allah sağlık para aşk versin amin、つまり「神よ、健康、お金、恋を与えてください」の略で一九五九年に初めて小説で使用されてから流行語となり、その後ケバブ屋の名称として特にアンカラで使用されるようになった。基本的には全て違う店だが、のれん分けのような関係の店もある。元祖アスパヴァはカヴァクレデレに近いエサット通りのオズチェリク・アスパヴァのようである。アスパヴァは、特に目新しいケバブがあるわけではないが、切り落とした薄切り肉を薄いパン（ラワシュ）で巻いたドゥルム・ケバブが人気である。また、イクラムと呼ばれるサラダ、漬物といったサイドメニューのサービス品が非常に多い。

車の普及と充実したバス網

アンカラを含めトルコで最も一般的な移動手段は車である。これはトルコ全土で共通しているだろう。二〇二二年の統計では、トルコ人の四人に一人が車を所有しているという結果が出ている。都市が郊外型になりつつあるアンカラでも車は必要不可欠である。トルコに旅行したことがある人が最初に直面するカルチャーショックはタクシーや車の運転の粗雑さ、もしくはどのように歩道を横断するかだろう。トルコの運転は日本の運転に比べるとスピードが速く、日本人の感覚からすると粗い部分が多い。広い道路では平気で一〇〇キロ以上のスピードを出す車や、ウィンカーを出さずに右折、左折する車も多い。さらに信号が青に変わる瞬間に発進しないと後続の車からすぐにクラクションが鳴らされる。

アンカラのバス

アンカラのドルムシュ

そして、トルコでは歩行者優先ではなく、車優先である。そのため、日本と比べて道路の横断が難しい。トルコでは信号ももちろん重要であるが、しっかり車が来ないかを確認してから横断しないと事故に遭う可能性がある。歩道が近くにない場合は横断しようとしているトルコ人の横に並び、彼らと一緒のタイミングで渡るのが安全である。時には走り過ぎた車の風を感じながら渡ることになる。また、車の所有が多いので通勤、通学時は幹線道路が混雑する。アンカラの渋滞はイスタンブールに比べればまだ軽微と言われているが、それでも金曜日の夕方などは車の流れが止まる。ちなみにトルコでは小学生、中学生、高校生でも親が子供を車で送っていくのが一般的である。

また、車が普及していることと共通するが、公共交通機関で最も使用されているのがバスである。バスにも大きく二種類ある。一つ目は市が運営している市バスである。この市バスに乗るには多くの場合、市が発行しているカードを買い、チャージしておく必要がある。市バスは日本で走っているものと同様の大きさで常に多くの人が乗り降りしている。二つ目はドルムシュ（「満席のようだ」の意味）と呼ばれるミニバスである。ドルムシュは現金支払いで出発地から満員になったら出発する。目的地はフロントガラスに張り付けてある。個人的にはドルムシュの方が市バスよりも気軽に乗れるイメージがある。というのも、市バスは停留所が決まっているが、ドルムシュは降りたい場所で運転手に声をかければ降ろしてくれる。

木に備え付けられたタクシーの呼び鈴

しかし、市バスもドルムシュも全ての場所を網羅しているわけではない。バスが通っていない場所には黄色が目立つタクシーを利用して行くのがよいだろう。確かにトルコのタクシーは速度超過で無駄に周りの車と競争したりすることもあるが、初乗りは安価でアンカラではどこにでも走っており、利用し

外から見たアシュティ

アシュティの中

やすい。トルコのタクシーの車体で最も多いのはヒュンダイである。次いでフィアット、ルノー、そしてトヨタの車種が見られる。これらの車メーカーはトルコに工場を有していることで部品の交換などがしやすく、個人の所有する車としても普及している。二〇〇四年から二〇一八年の間にトルコで最も多く売れたメーカーはルノーであり、全体の一五%を占めた。次いでフォルクスワーゲン（一一%）、フィアット（七・九%）、ヒュンダイ（七・八%）という順であった。トヨタも七番目で六・三%であった。

長距離移動のバスもトルコは発展している。アンカラのオトガル（長距離移動用のバスターミナル）であるアシュティには何台ものバスが所狭しと並んでいる。長距離バス会社には比較的安価なものから高級なものまである。どのバスも車内は広く、トイレ休憩も二〜三時間に一度はある。機種によっては飛行機のように座席の前にテレビ画面があるものもある。トルコ人が最も利用する移動手段がバスである。そのため、アシュティは常に混雑している。アシュティは中に土産物屋、薬屋、カフェなど何でもあり、二四時間営業のところが多い。というのも深夜出発、深夜到着のバスもあるためである。

TOGGの販売店

TOGG社の電気自動車

　このように、車が社会に根付いているトルコにおいて、今最も注目を集めているのがＴＯＧＧ社の電気自動車である。ＴＯＧＧ社はトルコ政府がその開発を後押しする合弁会社で、二〇一八年六月に立ち上げられた。参加しているのは、アナドル・グループ（一九%）、BMC自動車産業貿易会社（一九%）、キョク・グループ（一九%）、電話会社のテュルクセル（一九%）、ゾルル・ホールディングス（一九%）、トルコ商工会議所連合（五%）となっている。T10Xというモデルが二〇二二年一〇月に完成、エルドアンが試乗する様子が多くのテレビ局で生中継された。そして一般販売も二〇二三年三月から始まった。TOGGはT10S、T8CX、T8X、10Vというモデルも開発中である。

地下鉄と長距離移動の鉄道

アンカラで電車というと、人々に最も親しまれているのが地下鉄である。二〇二三年七月現在、七月一五日国民の意志駅（旧名：クズライ駅）を中心にメトロとアンカライという二つの地下鉄が走っている。一九九六年に完成したアンカライは長距離移動のバスの集積地であるアシュティからディキムエヴィまでの一一駅の路線である。この路線の特徴は、アシュティに行くのが便利な点、アナドル駅からアタテュルク廟にアクセスしやすい点、そしてクルトゥルシュ駅はアンカラ大学のジェベジ・キャンパス、ベシュエヴラル駅はアンカラ大学の中央キャンパス、およびガズィ大学の中央キャンパスに近く学生の通学に便利な点である。アンカライは七月一五日国民の意志駅でメトロと接続している。

アンカラ
ガーズィ大学
アンカラ大学
中央キャンパス
アンカラ駅
アタテュルク
森林農園
アンカライ
アシュティ
七月一五日
国民の意思駅
書店エリア
アンカラ大学
ジェベジキャンパス

アンカライ

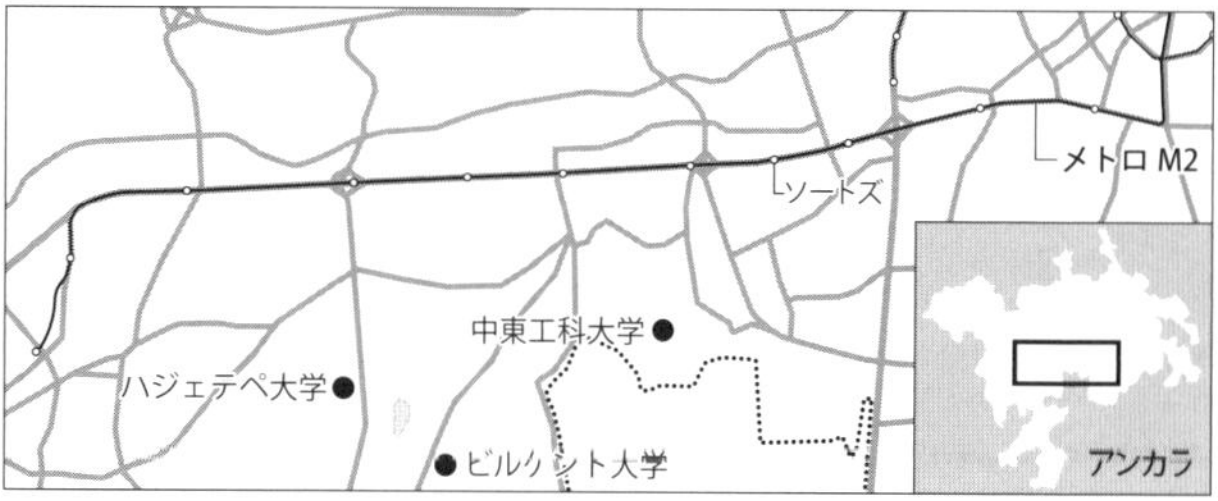
メトロ M2
ソートズ
中東工科大学
ハジェテペ大学
ビルケント大学
アンカラ

メトロ

イェニマハッレの工場の入り口

メトロは大きく三つの路線がある。一つ目のＭ１路線は一九九七年にできた七月一五日国民の意志駅からバトゥケントという郊外の新興住宅地を結ぶ路線である。クズライにある七月一五日国民の意志駅からスーヒエ、ウルス、そしてアクキョプルという旧市街の中心地を結ぶとともに、その後、工場が多いイェニマハッレ、そしてバトゥケントに達する。この路線は二〇一四年二月にバトゥケントからＯＳＢトレケントに延びるＭ３路線が開通した。Ｍ３路線は一九九〇年代以降、人口が拡大したエリアマンやスィンジャンという比較的保守的な地域とアンカラの中心部を結ぶものであった。

そして、二〇一四年三月には七月一五日国民の意志駅からエスキシェヒル道（エスキシェヒルやイスタンブール方面に向かう国道）に沿う形で延びるＭ２路線も完成した。このＭ２路線は重要な場所を多く通る路線である。七月一五日国民の意志駅の次はネジャトベイ駅で、ここは官公庁および軍施設が近く、公務員が多く利用する駅である。ネジャトベイ駅の次の駅は国立図書館駅で、ここは文字通り国立図書館に近いだけでなく、若者に人気のカフェやバーがひしめくバフチェリエヴラルのアシュクアバト通りおよび多くのケバブ店がひしめくバルガットの入り口に当たる。その次のソートズ駅はショッピングモールのアルマダに近いが、それ以上に公正発展党の中心地である。公正発展党の本部に近く、さらにその公正発展党の本部の先には大統領宮殿がある。また、公正発展党の支持者が多いと言われる新興住宅地域のチュクランバルにも近い。その後、中東工科大学、ビルケント、ベイテペという中東工科大学、ビルケント大学、ハジェテペ大学の学生が利用する駅などを通り、世俗的な人々が多く住んでいる新興住宅地域のウミトキョイ、チャイヨル、コルという地域へと抜ける。

アシュクアバト通り

　筆者がアンカラに留学していた二〇〇〇年代後半にはまだM２路線はできておらず、クズライなど中心地に出るには必ずバスを利用

アンカライの入り口

鉄道駅のアンカラ・ガル

しなければならなかった。当然、夕方などの帰宅ラッシュの時間は到着に時間を要した。しかし、現在はM2路線を使えばより快適に中心地にアクセス可能となった。アンカラ・メトロは今後も路線が延びる予定で、空港へアクセスを容易にする路線の計画および工事が続けられている。

アンカラには長距離移動の鉄道も通っている。アンカラの鉄道駅、アンカラ・ガルはオスマン帝国時代の一八九二年に建造され、その後、一九三七年と一九七二年に駅が刷新された。二〇一八年には新しいプラットフォームが完成し、現在は二つのプラットフォームがある。このアンカラ・ガルからはイスタンブール行き（アンカラ・エクスプレス）、イズミル行き、エスキシェヒル行き、コンヤ行き、マラティヤ行き、カルス行きなどが出ている。ビジネス用と一般用とに分かれ、車窓から牧歌的な景色を見ながら旅行することができる。

アンカラ・ガルのプラットフォーム

空港

アンカラの空港はエセンボア空港であるが、エセンボア空港はアンカラで二代目の、現在の空港である。初代の空港は一九二〇年代後半、現在のアンカライのアナドル駅近くに開設された。しかし、この都市の中の空港は場所も狭く、手詰まり感があり、一九五一年に郊外のチュブクとアクユルトにまたがった場所に新空港の建設が始まり、一九五五年にエセンボア空港として完成した。エセンボア空港は首都の空港としては小さい空港である。トルコの玄関口は「世界のミーティングポイント」と呼ばれるイスタンブールのアタテュルク空港およびその後継のイスタンブール空港、そしてサビハ・ギョクチェン空港である点は否めない。トルコには五九の空港があるが、国際線が通っているのはその中の三七の空港だけである。エセンボア空港はロンドン、パリ、ウィーン、ブリュッセル、ストックホルム、コペンハーゲン、ミュンヘン、デュッセルドルフ、ハンブルグ、ハノーバー、ケルン、クラコフ、アブダビ、ドーハ、バグダッド、アンマン、テヘラン、ジッダ、ビシュケク、バクー、アスタナ、モスクワなどに定期便が飛んでいるが、イスタンブールの空港と比べるとかなり少ない。また、エセンボア空港では物価が街中の値段の3倍くらいの高さである。イスタンブールも含め、トルコのどの空港も物価が高い。空港から市内へのアクセスはタクシーもしくは空港バスで移動する。空港バスはクズライ行きとアシュティ行きがあり、三〇分もしくは一時間に一度運行している。

　ここでトルコ航空についても確認しておきたい。トルコ航空は一九三三年に設立され、当初は国防省の管轄下であったが、二年後の一九三五年に公共省、その後運輸省に管轄が

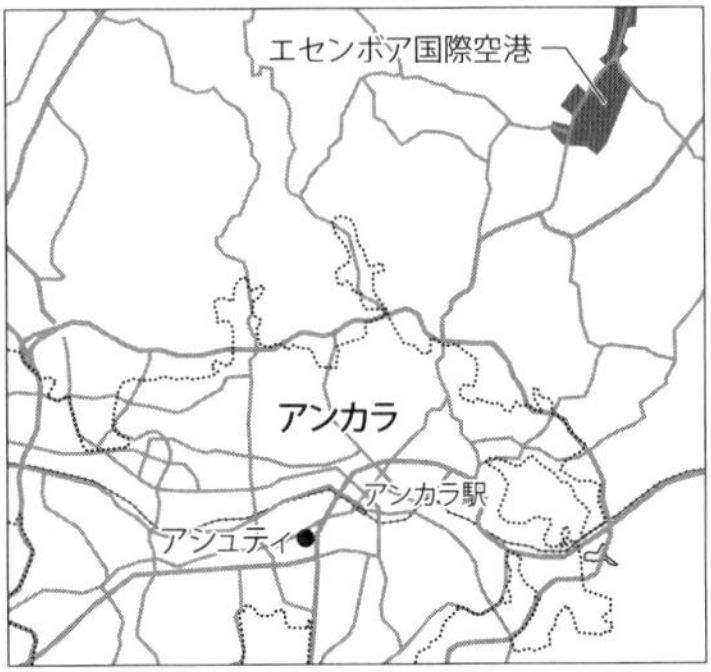

エセンボア空港の位置

移った。トルコ航空の最初の国際線はアテネ行きで一九四七年に運行が開始され、その後、キプロスのニコシア、ベイルート、カイロ行きなどが就航された。トルコ航空は一九九七年から日本航空と共同運航便を始め、現在に至っている。羽田、成田、関西空港の三つの空港からイスタンブールに直行便を運航している。アナドルジェットというLCCの運営も行っている。二〇〇〇年代に入ると、トルコ航空は外交の手段の一つとして機能し、アフリカなどさまざまな国と地域に積極的に就航するようになった。現在、世界一二六カ国に就航しているが、これは世界の航空会社で最多となっている。

エセンボア空港

トルコ航空LCC、アナドルジェット

旧市街の復活と大学

「はじめに」で触れたアナトリア

新しくなったウルスの一角

文明博物館やアンカラ城は旧市街地にある。旧市街地は筆者が留学していた二〇〇六〜一一年の時期は治安が悪く、寂れているという印象であった。トルコ人の友人たちもウルスは女性が一人で行く場所ではないと話していた。しかし、二〇一三年に旧市街地の中心地にアンカラ社会科学大学が開校すると、若者人口の増加とともに治安が回復し、新しく生まれ変わった。現在では治安が悪いという印象はだいぶなくなり、小ぎれいな店も増えた。また、旧市街の中心地にほど近い市場は以前から活気がある。

アンカラの市場は毎日空いているところは少なく、大体週二日くらいで開催されるのが一般的である。しかし、ウルスの市場は毎日開催されている。この市場は特に肉製品が新鮮かつ豊富である。トルコはスーパーマーケットなどでもさまざまな部位を売っているが、この市場では希少部位も簡単に手に入る。

スーパーマーケットの鮮魚コーナー

アルトゥンダーの市場の肉屋

市場やスーパーマーケットではもちろん魚や野菜も売っている。とはいえ、旧市街もまだまだ問題はある。表面的には町はだいぶきれいになったが、裏通りなどはまだまだ整備されておらず、ゲジェコンドゥに近い状態の家々が残っていたりする。また、旧市街地は車道が狭く、すぐに渋滞となる。

若者人口の多さと乱立する大学

アンカラ社会科学大学だけではなく、ここ最近アンカラでも多くの大学が開校された。アンカラには現在一〇の国立大学、一四の私立大学、併せて二四の大学がある。そのうち、実に半分に当たる一二校がここ一五年の間に設立されている。（表1参照）なぜこのように多くの大学が開校されているのだろうか。理由は簡単で、トルコでは若者人口（一五歳以上二四歳未満）が多いためである。（図2参照）

表１　アンカラの大学の設立年と主な特徴

大学名	設立（年）	国立／私立	主な特徴
アンカラ・ハジバイラムヴェリ大学	2018	国立	ガズィ大学から分離してできた大学
アンカラ音楽芸術大学	2017	国立	芸術分野に特化した大学
ユルドゥルムベヤズット大学	2010	国立	イスラーム知識学部がある
アンカラ社会科学大学	2013	国立	社会科学に特化した大学
アンカラ大学	1946	国立	政治学部はオスマン帝国時代から続く
ガズィ大学	1926	国立	５つのキャンパスがある
ハジェテペ大学	1967	国立	医学部が有名
中東工科大学	1956	国立	トルコで最高学府の１つ
トルコ陸軍学校	1834	国立	オスマン帝国時代から続く軍人養成学校
ギュルハネ医療大学教育・検査病院	1898	国立	当初イスタンブールのギュルハネで設立
アンカラ技術大学	2013	私立	自然科学に特化した大学
アンカラ・メディポル大学	2018	私立	医療分野に特化した大学
アトゥルム大学	1996	私立	郊外のインジェキに多くの学部がある
バシュケント大学	1994	私立	大学内にアタテュルク博物館がある
ビルケント大学	1984	私立	コチ大学、サバンジュ大学と並ぶ私大の雄
チャンカヤ大学	1997	私立	英語教育に力を入れている
ロクマンヘキム大学	2017	私立	医療分野に特化した大学
テッド大学	2009	私立	クズライの近くにキャンパスがある
トルコ航空協会大学	2011	私立	トルコで初めての航空分野に特化した大学
トルコ商工会議所（TOBB）大学	2003	私立	大統領宮殿と公正発展党本部の間に位置
OSTIM 技術大学	2017	私立	工場が集まるOSTIM地区にキャンパスがある
ウフク大学	1993	私立	郊外のギョルバシにキャンパスがある
アンカラ高等専門大学	2011	私立	医療・スポーツに特化した大学
アンカラ科学大学	2020	私立	新興の大学で社会科学や美術中心

図2　全人口に占める若者人口の割合（1935-2080）

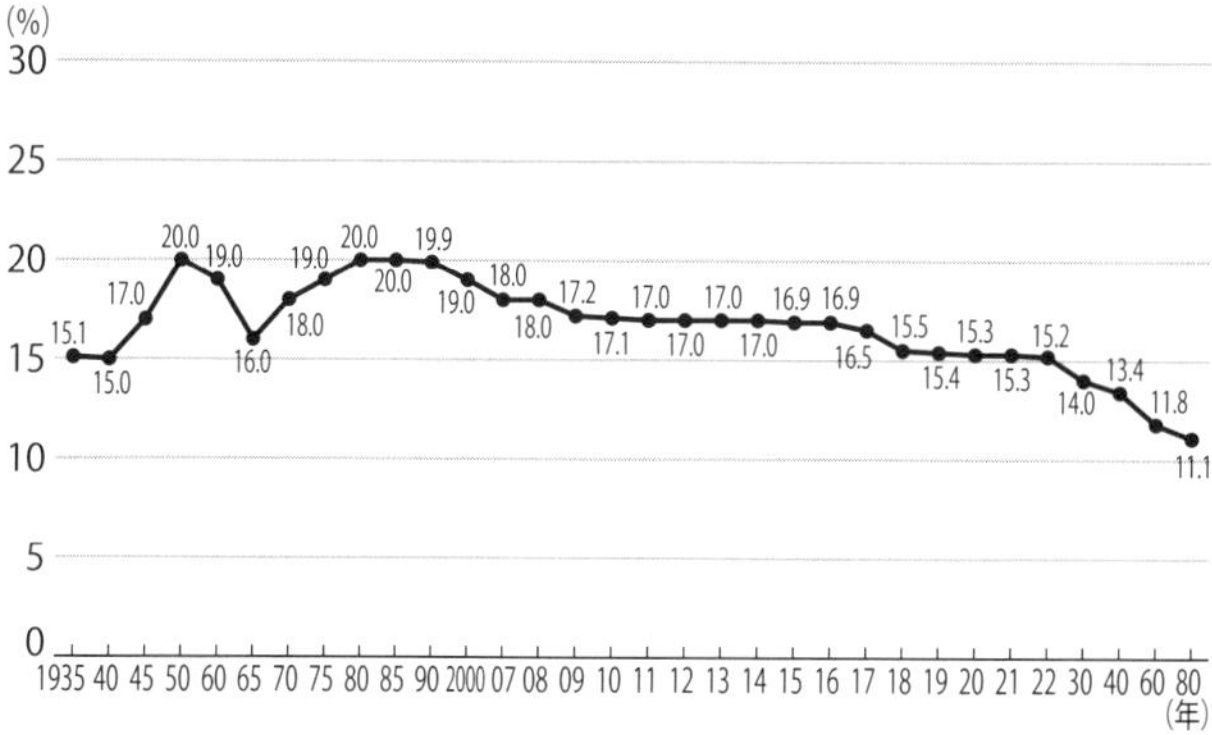

https://data.tuik.gov.tr/Bulten/Index?p=Istatistiklerle-Genclik-2022-49670

トルコ統計局の調べによると、現在の若者が全人口に占める割合は一五・二％で、人数にすると約一三〇〇万人である。ただし、若者人口が急激に増えているわけではない。トルコで若者人口の割合が一番多かったのは、一九五〇年代である。この時期、都市部に多くの大学が設立され、若者人口が急激に都市部に流入し、それがその後の学生運動の活発化などにつながっていった。第一次大学改革である。こうした学生運動の活発化はその後三〇年続いたが、トルコでの二度目の軍事クーデターである一九八〇年九月一二日クーデターで鎮圧され、学生運動の温床となっていた大学も運動に関わっていた教授が退職を余儀なくされるなど改革が行われた。また、高等教育委員会（以下、YÖK）が設立され、ビルケント大学など新たな大学も設

中東工科大学を象徴する
木のモニュメント

テッド大学
の入り口

アンカラ大学の
言語・歴史学部

ビルケント大学の野外
音楽堂オデオン

立された。これを第二次大学改革とすると、現在は第三次大学改革の時期と言えるだろう。

二〇二二年のYÖKの大学に関する報告書によると、二〇二一年末の時点でトルコ全土において国立一二七校、私立七三校、四つの高専、併せて二〇四校の大学がある。生徒の数は国立大学が三一六万人、それ以外が六四万人という結果となっている。トルコの若者人口は二〇〇〇年代初頭から緩やかにその割合を減らしており、二〇八〇年には一一・一%まで縮小すると見られている。とはいえ、現在でもEU加盟国および加盟交渉国の中ではトルコが圧倒的に若者人口で優位な状況にある。トルコに次ぐアイルランドの全体の人口に占める若者人口の割合は一二・八%である。

クズライのドスト

本屋と古本屋街

アンカラの本屋で一番有名なのはクズライにあるドストだろう。ドストは本の品揃えが豊富であることに加え、クズライの待ち合わせ場所として多くの人に利用されていて、ドストは常に多くの客でにぎわっている。ドストからコジャテペ方面に歩いていくとトゥルハン・キタブエヴィ（トゥルハン本屋）がある。ここも品揃えがよく、もし店内に本がない場合は注文すれば取り置きしてくれる。トゥルハン・キタブエヴィを曲がってさらにコジャテペ方面に進むと、左手にイムゲ書店が目に入る。ここはイムゲ出版が経営する書店兼カフェである。書店の奥に階段があり、二階がカフェとなっている。本を読んだり、友人と「だべったり」するのに最適な場所である。

クズライには古本屋街もある。ドストからサカリヤ通りの方角に進むと、大学入試用のテキストを売る本屋があり、その隣に地下街への入り口がある。地下に進むとそこには多くの古本屋がひしめいている。一般の書店ではすでに販売していないものも陳列されてお

地下の古本街の入り口

地下の古本街の一角

り、重宝する。また、ドストからカランフィル通りをまっすぐ進むと歩いて一〇分ほどの所に古本屋街がある。こちらの方が目立つが、より品揃えが良いのは地下の古本屋だと個人的に思っている。

もちろん、ショッピングモールなどにも本屋はある。最も多いのがD&Rという本屋で、本に加え、雑誌、文房具、おもちゃ、お菓子などを売っており使い勝手が良い。D&Rに近い形態の店として、キカ本屋がある。ここはカフェが併設されている店舗も多い。ラーミズ書店もショッピングモールで目にすることが多い書店である。

建設ラッシュのショッピングモール

六五歳以上の人口が多い日本では、新しい建物が立つと老人ホームというケースがよくある。しかし、若者人口がいまだに多いトルコでは、老人ホームはまだ少ない。逆に新しい建物が立つ場合は、TOKİによる新興住宅もしくはショッピングモールの場合が多い。アンカラも二一世紀に入り、ショッピングモールの数が急速に増えている。アンカラのショッピングモールの「老舗」と言えるのがカヴァクレデレにある「カルム」と、アンカラの象徴の一つである「アタクレ」である。

カヴァクレデレのアルゼンチン通りとイラン通りが交わる場所にあるカルムは、すぐ隣

夜のカルム

アタクレ

にあるシェラトンとともに一九八六年から建設が始まり、一九九一年にオープンした。カルムのウェブサイトによると、カルムはアンカラのショッピングモールのはしりというだけでなく、トルコにおいて初めてのショッピングモールとオフィスの複合施設であった。現在では大手のブランドショップこそ少なくなったが、セレクトショップを中心に三〇年以上たった今でも変わらず営業を続けている。

そのカルムよりも前の一九八九年から営業しているのがアタクレのショッピングモールである。アタクレは一九八九年の一〇月一三日、ムスタファ・ケマルが新たに建国するトルコ共和国の首都をアンカラにすると定めてから六六年後にオープンした。トルコ全体で

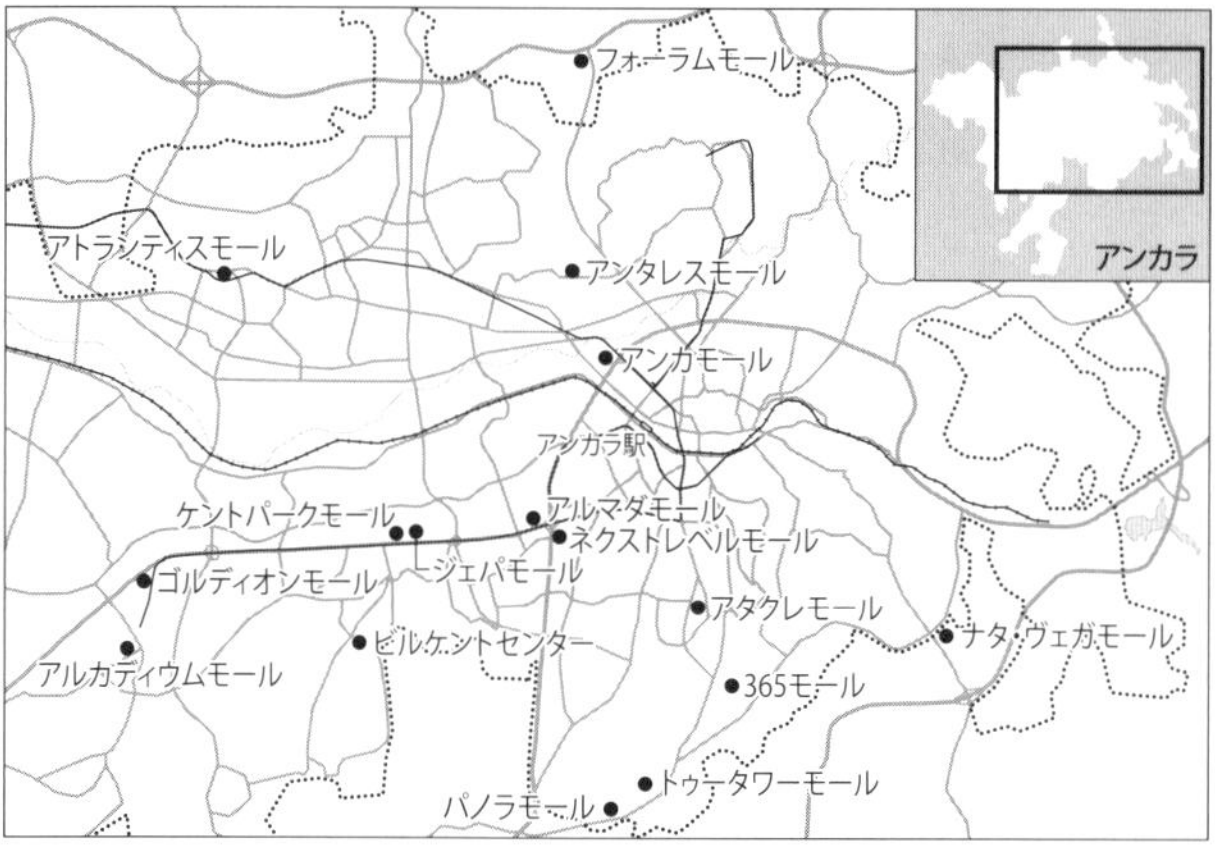

ショッピングモール

二番目にオープンしたショッピングモールであった。最上階からはアンカラを一望できるようになっている。ただし、筆者が留学していた二〇〇六年から一一年にかけてはアタクレのモールはあまり魅力的でなくなっていた。そうした中、一度ショッピングモールとしての機能を停止し、二〇一八年にアタクレは再度有名ブランドをそろえ、魅力的なモールとして再オープンする。現在では客足も戻っており、アンカラの象徴として市民に愛され続けている。

カルムとアタクレ以外に二一世紀前にオープンしたモールとして、アンカモールとビルケントのモールがある。アンカモールはいまだにアンカラ最大の規模を誇るモールの一つであり、客足が絶えない。ビルケントのモー

ビルケントセンター

ルはビルケント大学の学生が多く集まり、こちらも活気に満ちている。元々、アンクヴァというモールと大規模スーパーという作りだったが、現在ではアンクヴァとミグロスというスーパーを中心にさまざまな店舗が入るビルケントセンターという二つの商業施設からなっている。

ちなみに表1でみたように、ビルケント大学は一九八四年に設立された名門私立大学である。トルコは一九六〇年代から七〇年代にかけて欧米諸国と同様に学生運動が過激化し、イスタンブール大学、アンカラ大学、中東工科大学などがその中心であった。一九八〇年九月一二日に起きた軍事クーデターとその後の大学改革の一環として誕生した大学の一つがビルケント大学であった。同大学を創設したイフサン・ドーラマジュは二〇一〇年に亡くなったが、ドーラマジュの墓はアリ・パシャ・モスクの近くにあり、また、ビルケント大学の東キャンパスに向かう道はイフサン・ドーラマジュ通りとして知られ

ドーラマジュの墓からはアンカラの景色が一望できる

ドーラマジュの墓にはいつも生花が手向けられている

ている。

話はやや脱線するがドーラマジュについてもう少し話しておきたい。ドーラマジュはもともと医者であったが、彼を有名にしたのは教育者として二つの大学の設立に関わったことであった。一つは先に述べたビルケント大学であるが、ドーラマジュはそれ以前にも大学の開校に携わっていた。ドーラマジュは一九五四年に子供の健康講座をアンカラ大学薬学部の傘下に設立したのを皮切りにさまざまな医学系センターを設立、そしてそれらのセンターを中心に一九六七年に独立したハジェテペ大学を設立した。ドーラマジュはハジェテペ大学設立の中心人物であり、初代の学長となった。

ハジェテペ大学の施設、テクノケントのビル

アンカラ市立病院

ハジェテペ大学は総合大学であるが、現在でも医療系の学部が充実している。ハジェテペ大学はビルケント大学の隣の丘にある。都市部からエスキシェヒル道をまっすぐ進んでいくと、まず中東工科大学があり、その後にビルケント大学、ハジェテペ大学と続いている。どの大学も総合大学で敷地が非常に広いため、隣接しているといっても徒歩での移動は困難である。

ビルケントはドーラマジュ色（医療色）が色濃いこともあってか、二〇一九年に大規模なアンカラ市立病院が開院した。アンカラ市立病院はトルコ全土の市病院の中で二番目の規模を誇り、さまざまな病気に対応している医療機関である。

ジェパモール

話をもとに戻そう。現在ではアンカラ市内にショッピングモールが乱立する状況である。中東工科大学に近いエスキシェヒル道沿いにはジェパとケントパークという二つのモールが隣接している。また、二〇〇〇年代初頭から人気のモールがアルマダである。アルマダは当初は一つのビルであったが、二〇一〇年代に増設し、二つのビルが並ぶモールとなった。さらにアルマダの向かいのチュクランバル方面にはネクストレベルのショッピングモールがある。

アルマダモール

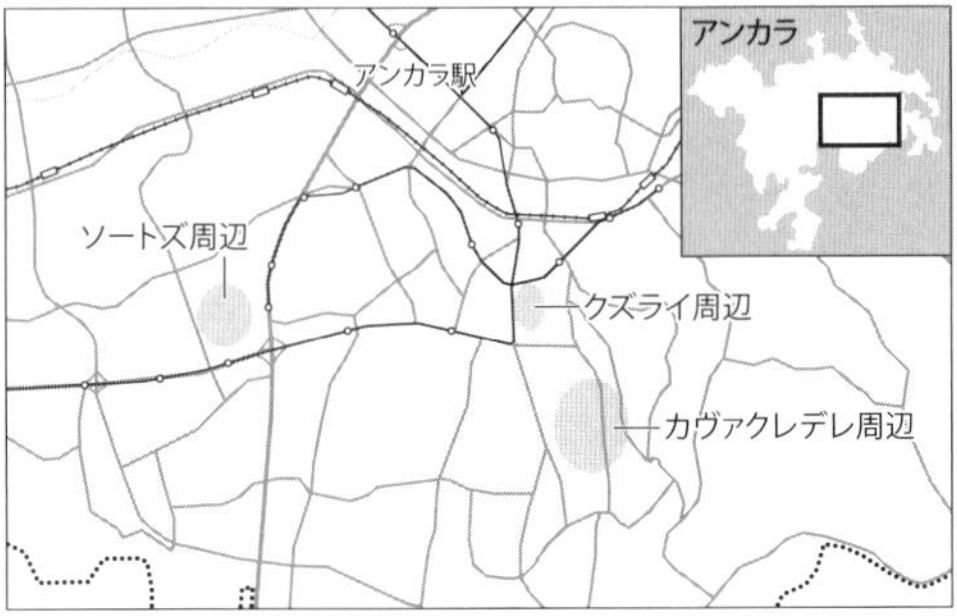

アンカラにおけるホテルのエリア

増加するホテル

首都であるアンカラにはさまざまなホテルが点在している。二〇二三年七月現在、ホテルが多い地域は三つに大別できる。一つ目はクズライ周辺である。クズライ周辺には主に小規模もしくは中規模のホテルが多く営業している。例えば、コジャテペ周辺の古本屋街の向かいやミタットパシャ通り周辺にいくつかのホテルを確認することができる。これらのホテルの特徴はこぢんまりしており街に溶け込んでいる点である。

二つ目は大使館エリアにもアクセスが良いカヴァクレデレである。このエリアのホテルは大規模かつ有名なホテルという点である。具体的にはシェラトンとヒルトンである。アンカラのシェラトンは円形をしており、アンカラの重要なモニュメントの一部となっている。また、シェラトンの隣にはマリオット系列の高級ホテル、ルーガル・アンカラもある。ヒルトンもシェラトンから徒歩五分から一〇分ほどの距離にある。ヒルトンやシェラトンはコンベンションセンターとしても使用されており、クリスマス・マーケットや政党の会合、ワークショップなどでもたびたび使用される。

三つ目は大統領宮殿、公正発展党本部などがあるソートズである。ここにもマリオット、モーベンピック、ウィンダム、グランド・メルキュールなどの高級ホテルが集まっている。二〇二三年に米国大使館がソートズに移ってくるなど、新たな政治の中心地になりつつあるソートズでの滞在需要は高まっているように見える。ソートズの近くのチュクランバルは公正発展党の熱烈な支持者層である、保守的かつ裕福な人々が住んでいるエリアである。

シェラトンアンカラホテル

アンカラヒルトンSA

表2　アンカラの主要なホテル

名称	開始(年)	立地
シェラトンアンカラホテル	1991	カヴァクレデレ
アンカラヒルトンSA	1988	カヴァクレデレ
ルーガル・アンカラ	2005	カヴァクレデレ
JWマリオットホテルアンカラ	2011	ソートズ
モーベンピックホテルアンカラ	2012	ソートズ
ウィンダム・アンカラ	2009	ソートズ

高級ホテルの立地は時の政治の中心地を明らかにする効果を持っている。

もちろん、その他の地域にもホテルは点在している。エセンボア空港の近くにはイビスホテルやベストウェスタンホテルがあり、クズライからカヴァクデレに向かうトゥナル・ヒルミにもホリデイイン、ラターニャホテル、ラマダホテルなどがある。この辺りは観光客向けのナイトクラブなどが見られる。

個人的に思い入れの強いアンカラのホテルは、二〇〇三年一〇月に大学の文化祭休みを利用して初めてアンカラを訪れた際に泊まったアンカライのスーヒエ駅近くのスルメリ・ホテルである。コロナ・ウイルスの影響でスルメリ・グループはアンカラ、イスタンブール、アダナにあったホテルの営業を中止してしまったのでも泊まることはできない。しかし、まだトルコがサマータイムを導入していて、スルメリに滞在中にサマータイムが終わり、朝食の時間に一時間早く行ってしまったこと、一〇月二九日に八十周年記念の建国記念日のパレードを見ることができたこと、『地球の歩き方』と『旅の指さし会話帳』でアンカラ大学のジェベジ・キャンパスを見つけ出し、アンカラ大学の教授と面会できたことは良い思い出として残っている。

観光大国であるトルコのホテルの数は、コロナ後、コロナ前よりも増加している。二〇二二年六月の時点で、約一万五〇〇〇棟のホテルがあり、これは二〇一九年の一万二七〇〇棟を上回っている。アンカラもソートスだけでなく、さらに郊外にもホテルができ始めている。ついでと言っては何だが、トルコがなぜ観光大国かという側面に注目すると、やはりイスタンブール、カッパドキア、エフェス、ネムルットダーという歴史的な観光地とエーゲ海および地中海のリゾート地という二つの異なった特徴を持っていることが大きい。観光客の数はコロナ前の時期は世界第六番の観光客数であったが、世界観光機構の二〇二二年に関する統計によると、トルコはフランス、スペイン、米国に次いで四番目となった。トルコで特徴的なのはロシア人観光客の多さである。地中海沿岸のアンタルヤはロシア人が多いことで知られており、ロシアとアンタルヤの間のフライトは一日一〇便近くある。

ゲリラ豪雨など新たな課題

ここまで見てきたように、アンカラはこの一〇〇年間で人口が増える中で中心部から郊外に次第に拡大している。公正発展党の改革の下、ゲジェコンドゥは減少したが、車の渋滞は解消されていない。さらに、最近は地球温暖化のためにアンカラでもゲリラ豪雨が増

春に花をつけるアーモンドの木

えている。丘が多く、傾斜がきついアンカラは水が坂の下に勢いよく流れ、地下鉄や地下道に一気に流れ込む。これにより地下鉄が停止したり車が浸水したりする被害が出ている。また水はけが悪い道路も含め、インフラの整備が課題である。もう少し長期的に見ると、若者人口が停滞する今後は大学の数が多くなりすぎるおそれもある。

その一方で、二〇二三年二月の南東部大地震の後にまさに現実となったが、地震大国のトルコにおいて地震が少ないアンカラには安心を求めて引っ越してくる人々が増加することが予想される。アンカラは乾燥しているが、比較的自然も多い。春には桜に似たアーモンドの花がきれいである。しかし、急激な人口流入は不動産の物価上昇と住居不足を招く。こうした不安を解消するためにアンカラでは現在もベイテペやインジェキなど郊外でマンションの建築が進められている。

第3章　つわものどもが夢の跡

政治家たちの足跡を追って

行政の中心であったアンカラは、当然のことながら政治家たちの痕跡が多い。その中でも圧倒的に多いのが第1章で触れたケマルの軌跡である。さすがトルコ共和国の英雄である。その一方でトルコ共和国を最も象徴する政治家はケマルよりもむしろ、二代目大統領であり、長年首相も務めたイノニュことイスメトではないかと個人的に感じている。その理由としては、主要な政治家で最も長い約五〇年間、大統領として、首相として、野党党首としてトルコ政治で存在感を示し続けた点である。

もちろん、他の政治家もアンカラでその爪痕を残している。本章では、イスメトを中心にアンカラでの政治家たちの活動について見ていきたい。

第二代大統領イスメト・イノニュと「ピンク邸宅」

一九三八年一一月一〇日にケマルが死去した後、次に大統領に就任したのがイスメトである。まず、イスメトとはどのような人物かを紹介していきたい。イスメトは一八八四年にトルコ第三の都市、イズミルで生まれ、幼少期はスィヴァスで過ごした。スィヴァスの兵学校からイスタンブールの軍事学校に進学し、その後、軍人としてのキャリアを歩むここととなる。一九一〇年前後から戦地に赴くようになり、第一次世界大戦の際は、コーカサス戦線で任務に就いていた。コーカサス戦線はエンヴェル・パシャが指揮を執り、主にロシア軍との攻防であった。当初、オスマン帝国軍はロシア領に攻め入るなど優勢であったが、次第にロシア軍が優勢となり、ロシア軍は現在のトルコ領のヴァン、ムシュ、トラブゾン、ビトリスまで侵入した。このロシア軍をオスマン帝国領から駆逐するのに中心的な役割を果たしたのが、すでにガリポリの戦いで英仏軍を撃退し、名声を得ていたケマルであった。このコーカサス戦線でイスメトは初めてケマルと共闘した。

イスメトはその後、パレスチナ戦線などにも赴くが、最終的にケマルの呼びかけに応じ、オスマン帝国との関係を断絶し、一九二〇年四月にアンカラ政府に合流した。イスメトはギリシャ軍と対峙する西部戦線の司令官となり、エスキシェヒルのイノニュでの二回の戦い（実際に指揮を執ったのは二回目の戦線）で奮闘するもサカリヤ戦線で敗北し、その後、司令官であり続けたものの、前線での発言力は弱まった。それでもケマルの信頼は厚く、ギリシャ軍撤退後のムダニア休戦会談、トルコ共和国成立に向け、アンカラ政府が国際的に承認されるためのローザンヌ会議にはアンカラ政府

第二代大統領イスメト・イノニュ

代表として派遣され、ケマルと連絡をとりつつ、立派に交渉役を務めた。

トルコ共和国が建国される際、イスメトは初代首相に就任した。初代大統領のケマルを支え、共和国の基礎を築いていった。一度は首相の座をファトヒ・オクヤルに譲ったものの、その後再度首相に就任し、共和人民党の一党独裁期に七回もの組閣を果たした。そして、一九三四年に創姓法が成立し、トルコ国民が苗字を名乗ることが決まると、ケマルが国民の父を意味する「アタテュルク」という苗字をTBMMから送られたのと同様、イスメトにもイノニュでの戦いの功績から「イノニュ」という苗字が送られた。

そのイスメトは一九二五年にアンカラのチャンカヤ地区で邸宅を購入した。この邸宅は新築ではなく、前の所有者からイスメトが買い求めたものであったが、イスメトは死去する七五年までこの邸宅で過ごした。「ピンクの邸宅」と呼ばれるイスメトの邸宅は、現在、年に二カ月だけ見学することが可能である。筆者は二〇二二年一一月にピンク邸宅を見学してきたが、アタテュルク大通りからすぐのピンク邸宅の周りにはピンク邸宅マンション、そしてイノニュ公園があり、この一角はさながらイノニュ博物館といった様相を呈している。イノニュ公園にはイスメトの像があるが、これは著名な彫刻家のミネ・スナル（英語名マイン・シュナール）の作品である。

ピンク邸宅の中は博物館となっており、イスメトの写真や遺品が飾ってある。特にイスメトが好んだチェスのコレクションやイスメトがローザンヌ会議に出席した際にケマルから受け取った手紙などは興味深い。また、ピンク邸宅では運がよければイスメトの娘のオズデンさん、孫のギュルスン・ビルゲハンさんが思い出も交えて解説してくれる。筆者はオズデンさんの話を聞く機会に恵まれたが、ケマルと会った話などを聞くことができた。トルコ人観光客がほとんどだが、オズデンさんに会うと感動して話を聞いているのが印象的だった。オズデンさんは二〇二三年に『共和国と共にある人生：オズデン・トケル』と

イスメトが住んだピンク邸宅

イノニュ公園にあるイスメトの銅像

いう自伝を出版した。

アタテュルク後のイスメト・イノニュ

もう一度イスメトの政治手腕に話を戻そう。イスメトはケマルの死後の第二代大統領に就任したが、晩年はケマルとの間で政治的対立があった。特に経済政策では、自由主義経済を志向したケマルに対し、イスメトは国家資本主義を維持していく立場を譲らなかった。こうした意見対立があり、イスメトは首相職を解かれ、後任にはケマル同様に自由主義経済を支持していたジェラル・バヤルが就任した。イスメトとバヤルは年も一つ違いであり、両者はケマル後のトルコ共和国を運営するうえでライバル関係にあったと言える。晩年のケマルはイスメトよりもバヤルを評価していたが、ケマルの死期が近くなった段階で後任の大統領はイスメトということに決まり、TBMMにおいて全会一致で選出された。これに不満だったバヤルはイスメトの大統領就任後に要請を受け、首相を務めるものの、三カ月で辞任し、一〇年ほ

イスメトの娘であるオズデンさんと著者

ど不遇の時代を過ごすことになるが、その後第三代大統領に就任する。

　大統領としてのイスメトの功績は大きく二つあるだろう。まず、大統領就任後に勃発した第二次世界大戦で、オスマン帝国の解体という第一次世界大戦での苦い思い出を参照し、戦争の被害を最小限に食い止めたことである。イスメトが採った戦略は大きく二つあった。一つ目は中立外交（もしくは国際関係論の用語では両陣営に保険をかけるヘッジングとも言われる）である。二つ目は勝ち馬に乗ることであった。一九三九年から一九四四年まで、トルコは英国とフランス、ドイツ、ソ連に対して全方位外交を展開した。そして一九四四年からは先ほども述べたように、勝ち馬に乗るよう努めた。以下で詳しくみていきたい。

TBMM内にあるイスメトとバヤルの部屋の表札

　まず一九三九年一〇月、英国とフランスとの間に、相互援助条約を締結した。この条約の主眼は、イタリアとドイツから地中海を防衛することであったが、例外として「トルコが果たしうる義務は、ソ連が軍事介入した場合には強制されない」という条項が盛り込まれていた。この例外条項は、一九四〇年五月にドイツがフランスを攻撃した際に適用された。なぜなら、ドイツはその前年八月に独ソ不可侵条約を結んでいたためである。トルコは英国およびフランスと相互援助条約を締結する一方で、経済的なつながりを中心にドイツとの良好な関係を継続した。その結果、トルコはドイツと一九四一年六月一八日に相互不可侵条約を締結した。トルコと相互不可侵条約を締結した直後の一九四一年六月二二日に、ドイツはソ連に対して不可侵条約を反故にし、急襲をしかけた。これがいわゆるバルバロッサ作戦である。結果として、バルバロッサ作戦はトルコにドイツとの関係深化を躊躇させる要因となった。

また、トルコは、一九四一年三月に米国と武器支援・技術援助に関する協力を締結したが、これも、ドイツと距離を置く理由となった。しかし、それでもウィンストン・チャーチル英国首相やフランクリン・D・ローズヴェルト米大統領がイスメトを説得したものの、イスメト率いるトルコは連合国として大戦に参加せず、中立の立場を維持した。特にチャーチルは、地中海とバルカン半島の防衛のためにトルコを戦争に参加させることに非常に熱心であり、折に触れてその必要性に言及した。ローズヴェルトとソ連のスターリン書記長も当初はチャーチルの意向を支持していたが、スターリンに関しては一九四三年一〇月のモスクワ会談から自国有利の戦後秩序構想を念頭に置き、トルコの参戦とトルコへの武器支援に難色を示し始めた。

一九四四年になって、トルコの立場は連合国側に傾き始めた。この時期になり、枢軸国

アンカラのドイツ大使館とフランス大使館の間を通るパリ通り

の力が衰退し始めたため、トルコの戦略上の方針が戦争の回避から戦後の安全保障の確保へと変化した。このような状況になり、勝ち馬に乗るというトルコの戦間期の二つ目の戦略がとられるようになった。トルコはドイツに対するクロム鉄鉱の輸出を中止し、ドイツやイタリアに対する他の輸出も前年の半分程度まで大幅に縮小させた。また、イスメトは一九四四年六月に、親ドイツの立場を示していたヌマン・メネメンジオール外相を更迭した。そして、一九四五年八月二日にそれまでの中立を放棄し、正式に連合国の一員となった。イスメトは大統領としてこうした中立外交を巧みにマネージメントした。

イスメトの大統領としての二つ目の功績は、一九四五年一一月一日に一党独裁体制から複数政党制に制度を変更したことである。イスメトはトルコ政治の弊害は一党体制であると述べ、その当時の次回の総選挙（当初は一九四七年七月に予定されるも、一年前倒しで実施される）は「自由な直接投票」に基づいて行うことを宣言した。

イスメトが第二次世界大戦後に複数政党制を導入したことには二つの理由があった。まず、共和人民党内部の内輪もめが激化したためである。ケマルが死去する前後から、イスメトが二代目大統領に就任する人事に対して共和人民党内部で反対が根強かった。なぜなら、前述したように晩年のケマルはイスメトよりもその経済政策を高く評価したバヤルをかっていたためである。こうした共和人民党内部の内輪もめは第二次世界大戦が始まると、棚上げとなっていたが、第二次世界大戦が終わると再発した。二つ目にトルコはソ連の全体主義に対抗して民主主義を標榜する西側の一国となることを望んだため、自国でも自由選挙を導入し、民主化をアピールする必要性があった。

複数政党制が認められたのを契機に、一九四六年一月七日に共和人民党の有力議員であったメンデレス、バヤル、レフィク・コラルタン、フアト・キョプリュリュが民主党を設立した。民主党は一九四六年七月の選挙で敗北したものの、一九五〇年五月一四日の選挙では四八七議席中、四二〇議席を獲得して圧勝し、共和人民党の一党独裁に終止符を打った。

イスメトの稀有な点は、大統領を務めた後も共和人民党の党首として政治の表舞台で活躍したことである。共和人民党が人材不足だったと言えばそれまでだが、ケマルの片腕として独立戦争を戦い抜き、トルコを建国した英雄であったため、軍部から信頼が厚かったことなどがイスメトを長い間党首の地位に留まらせた。一九六〇年五月二七日にクーデターが起こり、民主党政権が転覆した後、約一年半軍政が敷かれたが、その後の民政移管でイスメトは再び首相となり、一九六五年二月までその職を務めた。共和人民党の党首は一九七二年五月まで足掛け三三年も務めた。一九七二年に共和人民党の次時代を担うとされたエジェヴィトと党首の座を争ったが敗北し、その年の一一月に四九年間務めたTBMMの議員も辞職した。

1972年にイスメトと共和人民党党首の座を争ったエジェヴィト

それから一年経った一九七三年一二月一七日に体調不良を訴えたイスメトは病院ではなく、自宅のピンク邸宅で治療を受けたが、一二月二五日に帰らぬ人となった。人生のほぼ全てをトルコ共和国と共和人民党に尽くしたと言っても過言ではなかった。こうした功績により、イスメトの遺体はアタテュルク廟に納められることとなった。

トルコ民族主義の化身、アルパスラン・トゥルケシュ

ケマルやイスメトには及ばないが、アンカラに所

縁のある大物政治家としてもう一人挙げておきたいのが、アルパスラン・トゥルケシュである。トゥルケシュは右派政党、民族主義者行動党の創設者として知られており、常にその過激な行動が問題視されてきた政治家でもある。

北キプロスに生まれたトゥルケシュは中学卒業後に家族とともにイスタンブールに渡り、軍高等学校、そして士官学校を卒業し、軍人として働き始める。一九四八年からは二年間米国に留学している。さらに一九五五年から三年間、米国のペンタゴンで在外勤務に就いた。帰国後、トゥルケシュはその名を急速に轟かしていくことになる。

まず、トゥルケシュは一九六〇年五月二七日クーデターにかかわっていた軍人の一人であった。ただし、トゥルケシュはクーデター実施後、早期の民政移管に反対し、四年ほど軍政を続けるべきだと主張し、クーデター後に大統領となったジェマル・ギュルセル統合参謀総長と対立した。結果としてトゥルケシュをはじめ、クーデター後の国家のあり方を検討していた国家統一委員会の中の急進的な一四名が左遷された。そのなかには、元民族主義者行動党の議員で、その後、善良党に移り、二〇二一年八月に勝利党（ZP）を立ち上げ党首となったウミト・オズダーの父親、ムザフェル・オズダーも含まれていた。トゥルケシュはニューデリーのトルコ大使館、オズダーは東京のトルコ大使館勤務となった。トゥルケシュを含む左遷された一四名のうち六名は帰国後、民族主義者行動党の前身である共和主義者農民党（CKMP）に入党し、トゥルケシュはその後同党の党首となった。そして一九六九年に現在まで続く民族主義者行動党を立ち上げた。

トゥルケシュの下、民族主義者行動党は過激化していく。例えば、この時期、国内で左派勢力が台頭し、同勢力によるテロが横行する中、これに対抗するためにトゥルケシュは右派勢力のための軍事訓練キャンプを開設した。その一方で一九七〇年代には「民族主義者戦線」の一員として、民族主義者行動党は二度にわたり連立政権に加わり、トゥルケシュは二度副首相を歴任した（一九七五年三月〜七七年六月、七七年七月〜七八年一月）。連立

アルパスラン・トゥルケシュの墓地の入口

アンカライのバフチェリエヴラル駅近くにあるトゥルケシュの墓地

に加わりながらも右派勢力の拡充に邁進し、警察や治安関連のポストで幅を利かせ、左派勢力との抗争を激化させたことが一九八〇年九月一二日クーデターを引き起こす大きな要因の一つとなった。

一九八〇年九月一二日クーデターが起きた際、トゥルケシュはアンカラのオランの自宅におり、その後逃走したものの、自宅に帰ったところを軍に逮捕された。この時、トゥルケシュ以外にもエジェヴィト、デミレル、エルバカンという大物政治家が逮捕され、一〇年間の政治活動禁止の決定が下された（後に五年に修正）。また、既存の政党は全て解党された。そのため、一九八三年の選挙に際して、民族主義者行動党は党名を保守党として再結成されたが、結局選挙には参加できなかった。八五年から民族主義者労働党（MÇP）、そして一九九二年に元の民族主義者行動党と党名を変更した。

トゥルケシュはカリスマ的指導者であったがその極右的な思考から、民族主義者行動党はなかなか選挙で勝てなかった。トゥルケシュ率いる民族主義者行動党はエルバカン率いる福祉党と選挙協力した九一年総選挙に一六・九％の得票を得た以外は一〇％の壁をなかなか破ることができなかった（一九八二年憲法でトルコでは一〇％以下の政党は議席を獲得できなくなった。この条項は二〇二二年四月に七％に引き下げられた。民族主義者労働党および民族主義者行動党の得票率は八七年総選挙で二・九％、九五年総選挙で八・六％、地方選挙では八

2018年6月のダブル選挙前日の民族主義者行動党の集会。左からトルコ国旗、ケマル、トゥルケシュ、そして現党首のバフチェリ

九年で四・一%、九四年で八%であった）。

そうした中、一九九七年にトゥルケシュが死去する。トゥルケシュ後に民族主義者行動党の新たな党首となったのは元ガズィ大学の教授で経済学の専門家であるデヴレット・バフチェリであった。バフチェリの選出は、民族主義者行動党の中道化、穏健化を意味した。また、党内の有力者の一人であったトゥルケシュの息子、トゥールル・トゥルケシュではなく、バフチェリを党首に選出したことで、民族主義者行動党はトゥルケシュ一家の所有物ではないという点を内外に印象付けた。この路線変更が功を奏し、一九九九年の総選挙では約一八%の得票率を獲得し、第二政党へと躍進した。そして、エジェヴィト率いる民主左派党（DSP）と連立を組み、約二〇年ぶりに与党となった。そして二〇〇二年以降、公正発展党が政治の中心となる中、一四年間は野党

トゥルケシュの墓に近いタンドアンは民族主義者行動党の拠点となっている

として公正発展党と戦ってきたが、二〇一六年一二月に公正発展党と連立することを決定し、二〇二三年七月現在も公正発展党と連立与党を形成している。

トゥルケシュには最初の妻であるムザフェルとの間に五人の子供がおり、ムザフェルが一九七四年に死去すると、その後新たに結婚したセヴァルとの間に二人の子供をもうけた。ムザフェルの子でバフチェリに敗れたトゥールルはその後も民族主義者行動党に籍を置いていたが、二〇一〇年代に公正発展党に鞍替えした。トゥールルとは異母兄弟である娘のアユジェも二〇二三年五月の選挙で善良党から出馬した。このようにトゥルケシュの子供たちは父親の没後も政治活動に深く関わっている。

一方でトゥルケシュというアイコンをめぐって民族主義者行動党と二〇一七年に立ち上げられた善良党の間で争いが見られる。アルパスラン・トゥルケシュ協会はトゥルケシュの死後、アンカラのウルス郊外に開設された。しかし、この協会の管理人たちは善良党に近い人物が多かったため、善良党結党後、民族主義者行動党がトゥルケシュ協会を認めないということになった。そのため、現在トゥルケシュ協会は活動していない。バフチェリは自分を中心にしてトゥルケシュ協会を再建すると述べているが、新たな協会はまだ開かれていない。

トルコ民族主義を象徴する狼のハンドサイン

政治家の名にちなんだ広場やビル

アンカラにはその他の政治家たちの足跡もたくさん残っている。例えば、ウルスのケマルの像がある中心部の近くには、親イスラーム政党の創始者で、エルドアンの政治の師匠でもあったエルバカンにちなんだエルバカン広場がある。先にイノニュのところで触れたエジェヴィトに関してもアンカラのアタクレから下ったところに共和人民党のエジェヴィト党学校があり、その建物の前にはエジェヴィトの像が立っている。九〇年代に二期八年間大統領を務め、六〇年代、七〇年代、そして九〇年代に五回首相を務め、

アンカラ市内でのデミレルの葬儀の様子
撮影＝鈴木啓之

エルバカン広場を示す標識

バヤル・プラザ

エジェヴィトの像

二〇一四年に死去したデミレルが生前に住んでいた家もヒルトン・ホテル近くにひっそりと立っている。また、一九六〇年五月二七日クーデターで拘束され、その後処刑されたメンデレスの名前が付いた地域がアンカラにはある。同じく五月二七日クーデターで拘束されたが、その後解放されたバヤルの名が付いたオフィス・ビルはアタテュルク大通りのカヴァクレデレに近いところにある。

それぞれの政治家の出身地などではアンカラ以上にそうした政治家の足跡や功績を目の当たりにすることができるだろう。しかし、アンカラほど多くの政治家の息吹を感じられる場所はない。これは首都アンカラの大きな魅力である。

アンカラにはトルコの政治家以外の名前を付した通りもある。有名なものとしては、ジョン・F・ケネディ通り、そしてジンナー通りが挙げられる。いずれもアタテュルク大通りを交差したり、平行に走ったりしている。

TBMMと省庁ビル

アンカラは首都なので、国会であるTBMM、そして各省庁のビルがある。加えて軍の施設も多い。TBMMはクズライの中心から歩いて一〇分ほどの場所にある。現在のTBMMは二つの建物があるが、古い建物は一九六一年から使用されている。それ以前、TB

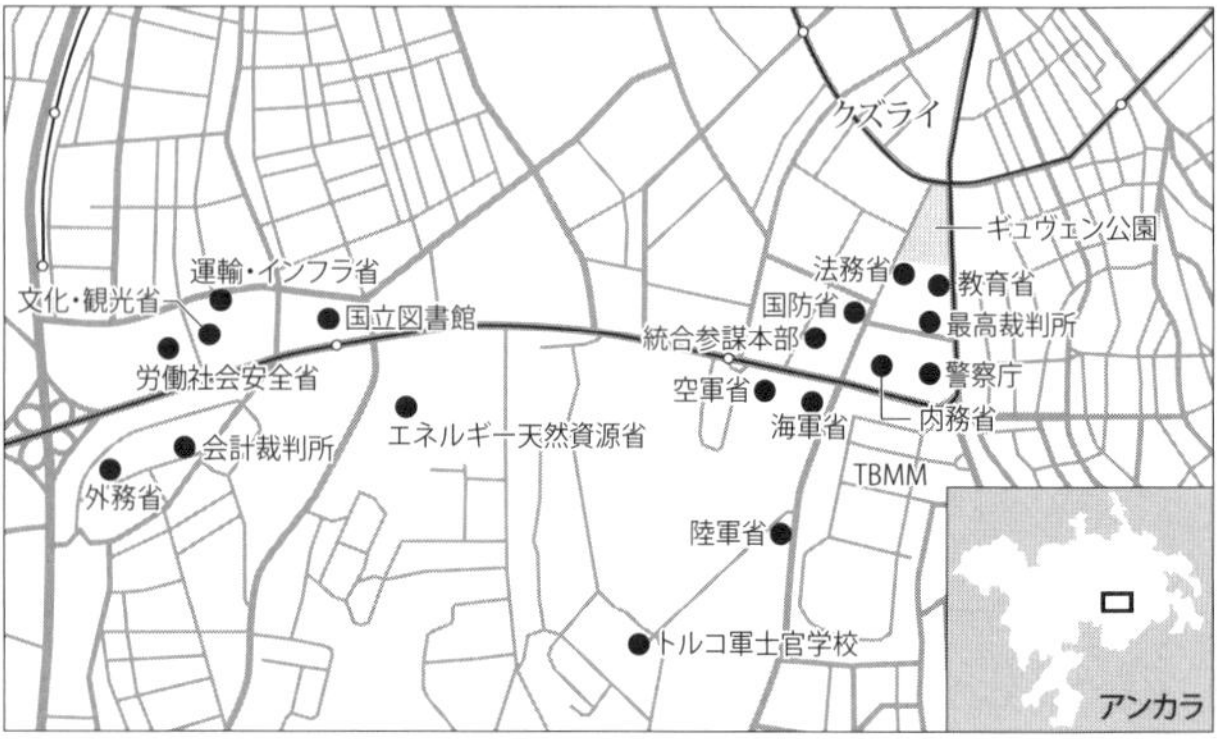

アンカラ中心部に建つ各省庁

MMはウルスにあった。TBMMに隣接するのが海軍省、空軍省、そして陸軍省である。それらの施設の裏側には広大な敷地のトルコ軍士官学校がある。また、空軍省の向かいには統合参謀本部、そしてその裏には国防省がある。また、TBMMのクズライ側の向かいには内務省と警察庁が位置している。ちなみにTBMMと内務省および警察庁、空軍省と統合参謀本部の間を通る通りはイスメト・イノニュ通りである。最高裁判所、法務省、教育省も隣接している。その裏には人々の憩いの場であり、ドルムシュの発着所になっているギュヴェン公園がある。もちろん、それ以外の官公庁もあるが、クズライとTBMM周辺には軍関係と司法関係の省庁が固まっている。第2章の地下鉄の駅に即すと、メトロの七月一五日国民の意志駅からネジャットベイにかけての地域に当たる。

もう一つ、多くの省庁が集中しているのがメトロでネジャットベイから一駅の国立図書館からソートズ方面にかけての地区である。国立図書館の駅からイスメト・イノニュ通りを渡り、バルガット方面には、エネルギー・天然資源省があり、エネルギー・天然資源省からソートズ方面に進むと、会計裁判所や外務省がある。イスメト・イノニュ通りを渡らずに国立図書館からソートズ方面に進むと、運輸・インフラ省、文化・観光庁、労働・社会安全庁などがある。

現在は博物館となっているウルスにあるかつてのTBMMの建物

エネルギー・天然資源省

　最後に大統領府の場所も確認しておこう。もともとの大統領府、チャンカヤ宮殿はカヴァクレデレからガズィオスマンパシャに向けて登っていくと突き当たる。ガズィオスマンパシャからユルドゥズにいたる広大な敷地に宮殿は位置している。しかし、現在のエルドアン大統領はチャンカヤ宮殿ではなく、新たにオトガルであるアシュティからアタテュルク森林畜産場にいたるまでの広大な土地に大統領宮殿を建設した。この大統領宮殿は二〇一四年に完成し、一一五〇もの部屋があると言われている。大統領宮殿だけでなく、大統領府国民図書館、モスク、七月一五日民主主義博物館も建てられた。大統領府国民図書館や七月一五日民主主義博物館は誰でも利用可能である。

大統領宮殿

公正発展党から新興政党まで諸政党の本部が集中

首都のアンカラは政党の本部も集中している。政党の本部はウルス、クズライ、カヴァクレデレといった中心部ではなく、比較的郊外にある。政党本部は建物をある程度大きくする必要があるためである。ここでは政党本部の写真とともにその場所を確認する。これ

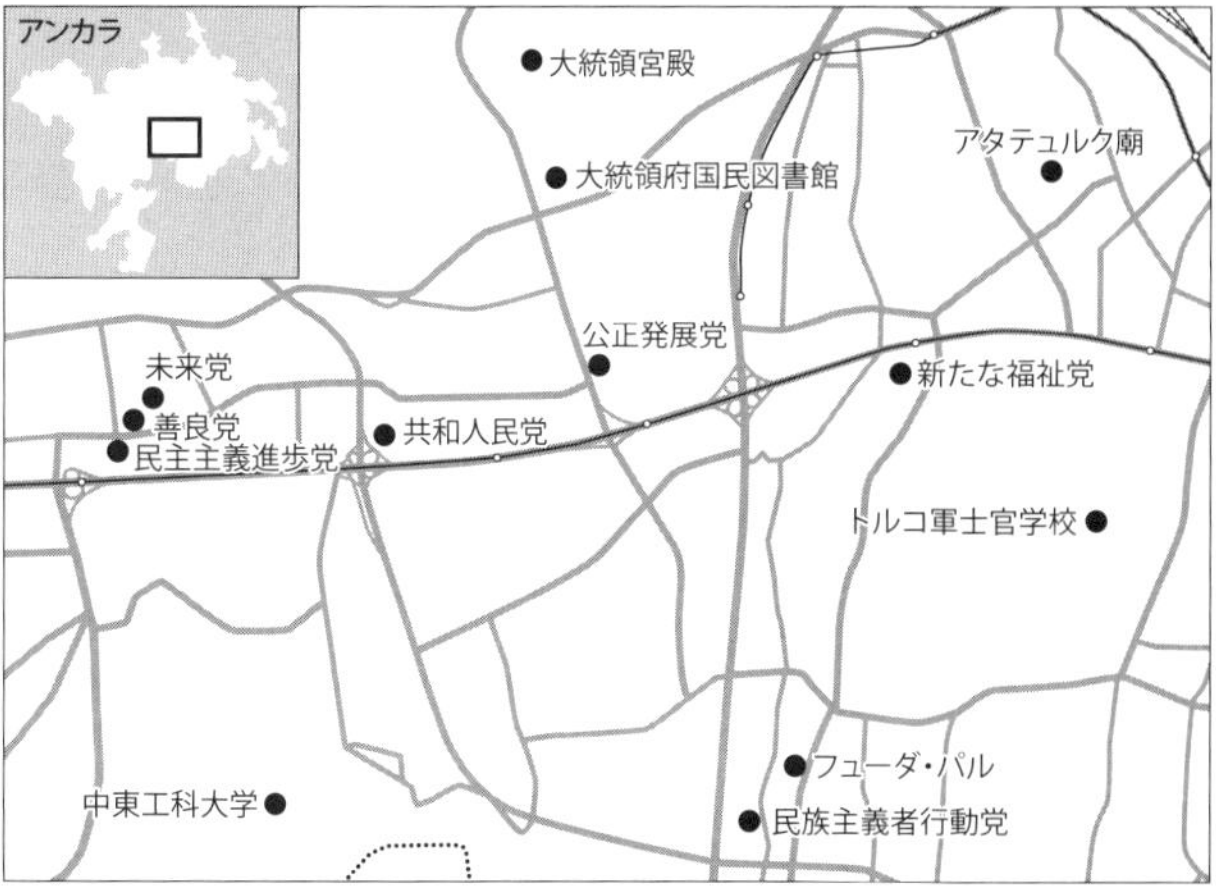

各政党本部

まで触れてこなかった政党に関してはそれらの党の特徴についても見ていきたい。

（1）公正発展党

まず、公正発展党の本部はソートズにある。第2章で触れたようにクズライからメトロで三駅とアクセスが良い。裕福な公正発展党支持者が多いと言われるチュクランバルに近く、ショッピングモールのアルマダにも近い。また、公正発展党の本部から商工会議所（TOBB）大学に向けて歩いていくと大統領宮殿の巨大な建物が目に入る。二〇二二年には米国大使館もソートズに移設した。このように、ソートズはトルコ政治の中心地となりつつある。

公正発展党本部

（2）共和人民党

共和人民党本部

ソートズからメトロで二駅郊外に進み、中東工科大学の駅で降りて地上に上がると、正面に中東工科大学の入り口がある。そこで左後ろを振り返ると、五〇〇メートルほど先に共和人民党のインパクトのある巨大な本部が目に入る。共和人民党の本部はこの場所に移動する前は最初にTBMMが開かれたウルスにあった。ちなみにケマルによって結党された共和人民党だが、一九八〇年九月一二日クーデターによって一度その歴史にピリオドが打たれた。解党当時の党首

善良党の本部

メラル・アクシェネルの旗

であったエジェヴィトは一九八五年に政界に復帰した後、共和人民党を復活させるのではなく、妻のラフジャン・エジェヴィトと共に新たに民主左派党を結党した。そのため、共和人民党の復活は一九九二年まで待たなければならなかった。復活後の初代党首はデニズ・バイカルで約一七年にわたり党首を務めた。しかし、二〇一〇年に女性問題で党首を解任、クルチダルオールが新たな党首に就任し、今に至っている。その顔つきから「トルコのガンジー」と呼ばれるクルチダルオールは党内をまとめる能力は高いが、なかなか選挙に勝てず、今に至っている。

(3) 善良党、未来党、民主主義進歩党

さらにそこからもう一駅地下鉄に乗り、ビルケントの駅で降りる。地上に上がると正面に第2章

で触れたアンカラ市立病院、左に延びる道を車で五分ほど行くとビルケント大学となる。一度地上に上がってからもう一度別の地下道に入り、エスキシェヒル道を渡って地上に出ると、そこはムスタファ・ケマルという新興地域である。このムスタファ・ケマルに新興の善良党、未来党（GP）、民主主義進歩党（DEVA）という三つの政党が本部を置いている。この三つの政党の建物は公正発展党や共和人民党の建物に比べるとコンパクトである。

民族主義者行動党の党員でありながら、党首のバフチェリと意見が対立していたメラル・アクシェネルは二〇一七年一〇月に善良党を結党した。アクシェネルは元々歴史学の博士号を持ち、地元のイズミトのコジャエリ大学で歴史学の教鞭をとっていたが、一九九四年に中道右派政党の正道党に加わった。そして九六年から九七年にかけての福祉党と正道党の連立政権において、内務大臣を務めた。アクシェネルは二〇〇一年に民族主義者行動党に加わると、二〇〇七年、二〇一一年、二〇一五年の総選挙で国会議員に選出された。

これまでトルコの諸政党の歴史において、女性が政党の中心となったケースは、正道党において一九九〇年代に党首、そして首相にも選出されたタンス・チルレルのケースがあったが、女性を中心に政党が結党されたケースはなかった。アクシェネルもチルレルと同様、高等教育を受けた、世俗的で都会的な女性である。一方でアクシェネルは熱心なムスリムでもあり、トルコ・ナショナリズムに傾倒する人物であった。

アクシェネルは二〇一八年の大統領選挙に出馬するが落選した。ただし、同時に行われた議会選挙で善良党は躍進し、公正発展党、共和人民党、人民民主党、民族主義者行動党に次ぐ九・九六％の得票率を獲得し、議会で四三議席を得た。また、続く二〇一九年の地方選挙の市長選では七・四％の得票率にとどまったが、この背景には選挙同盟を結んでいる共和人民党に配慮し、いくつかの選挙区では候補者を出さずに共和人民党のバックアップに回ったことがあった。そのため、共和人民党は三〇・一％の得票率を得ることができた。また、同じ右派政党の民族主義者行動党を僅差だが得票率で上回った。

未来党本部

民主主義進歩党本部

　未来党と民主主義進歩党は公正発展党政権下で大臣

民族主義者行動党本部

を務めた有力者が同党から離脱、新たな政党を結党し、野党連合に参加しているという点で共通している。未来党は公正発展党で外務大臣や首相を歴任したアフメット・ダヴトオールが二〇一九年九月九日に公正発展党から離党後、同年一二月一二日に立ち上げた党である。民主主義進歩党はやはり二〇一九年七月八日に公正発展党から離党したアリ・ババジャンが二〇二〇年三月九日に立ち上げた党である。ババジャンは経済のエキスパートとして名を馳せ、経済大臣や外務大臣を歴任した。民主主義者進歩党は未来党に比べ、複数の元大臣経験者など有力議員が加わったため、注目された。ダヴトオールもババジャンも欧米諸国から信頼を得てきた政治家である。ただし、両党は結党以降、公正発展党を脅かすほどのインパクトは残せていない。

(4) 民族主義者行動党

公正発展党と同盟関係にある民族主義者行動党は、エスキシェヒル道ではなく、エスキシェヒル道と交差するコンヤ道の近くのバルガット地区（ケバブ屋が多く、有名である）とジェヴィズレデレ地区の間にある。二〇〇七年から使用されている党本部は、共和人民党の建物と同様に建物の形が印象的である。

新たな福祉党を率いるファーティフ・エルバカンの旗

（5）新たな福祉党

至福党の本部は以前、国立図書館の外務省の裏にあったが、現在そこにあるのは「新たな福祉党（YRP）」である。至福党は二〇〇一年に故エルバカンによって設立された政党である。トルコにおける親イスラーム政党はそれまで一枚岩であったが、二〇〇一年にエルバカンに近い古参中心の至福党と若手中心の公正発展党に分裂した。公正発展党が翌年二〇〇二年の総選挙で単独与党となったのに対し、至福党はその後、支持率が低迷し最近の総選挙ではほとんど存在感を示すことができていない。二〇一八年のダブル選挙では党首であるテメル・カラモラオールが大統領選に出馬したものの、〇・八九％の得票率で惨敗し、議会選挙でも一・三四％の得票率しか得られなかった。

至福党の主要議員の一人であったエルバカンの息子、ファーティフ・エルバカンは党の状況に不満を募らせ、二〇一八年一一月に新たな福祉党を立ち上げ、党首となった。エルバカンは自身が代表を務めていたネジメッティン・エルバカン協会を至福党から切り離し、自身の政党と関連付けた。また、これまで至福党が使用していたオフィスは新たな福祉党が使用することとなり、至福党はウルスへと本部を移すこととなった。トルコ政治におけるスタンスも両党は異なる。二〇二三年五月の選挙でも、至福党が野党の「六党連合」に名を連ねていたのに対し、新たな福祉党は公正発展党政権に協力することを約束した。

(6) 世俗主義の親クルド政党

最後に二つのクルド政党について見ていきたい。まず、一九九〇年から政治活動に邁進してきた世俗的なクルド人の諸政党、特に二〇一五年に初めて政党としてTBMMで議席を獲得し、二〇二三年五月の選挙前、TBMMで第三党であった人民民主党を取り上げる。

人民民主党の本部は他の政党が郊外に移動した中、例外的に町の中心部、ヒルトンに近い場所にあった。他の党と違い、党本部の周りは党旗などがなびいているわけではなく、

表１　トルコのクルド人政党の設立と解党

政党名／項目	設立（年・月）	解党（年・月）	主な党首
人民労働党 Halkın Emek Partisi: HEP	1990. 6	1993. 7	フェフミ・ウシュクラル
民主主義党 Demokrasi Partisi: DEP	1993. 5	1994. 6	レイラ・ザナ
人民民主主義党 Halkın Demokrasi Partisi: HADEP	1994. 5	2003. 3	ムラト・ボズラク
民主人民党 Demokratik Halk Partisi,: DEHAP	1997.10	2005. 8	トゥンジェル・バクルハン
民主社会党 Demokratik Toplum Partisi: DTP	2005.11	2009.12	アフメット・トゥルク アイセル・トゥールク
平和民主党 Barış ve Demokrasi Partisi: BDP	2008. 5	2014. 4 （HDPに吸収合併）	セラハッティン・デミルタシュ
人民民主党 Halkların Demokratik Partisi: HDP	2012.10	2023. 3 （YSPに吸収合併）	セラハッティン・デミルタシュ
緑の左派党 Yeşiller ve Sol Gelecek Partisi: YSP	2012.11		イブラヒム・アクン

ひっそりしている。こうした雰囲気は、クルド人がマジョリティである東部や南東部以外のトルコでまだ親クルド政党が十分に受け入れられていないという背景があるだろう。

その理由としてはいくつか考えられる。まず、親クルド政党の主張の一つがクルド人のアイデンティティ確保であり、この点がトルコ人のアイデンティティを重視するトルコ・ナショナリズムと抵触すると考えられている点である。二つ目に親クルド政党がPKKとつながっていると考えられている点である。約四〇年間続いているトルコ政府とPKKの抗争の結果、双方合わせて四万人以上が犠牲となっている。そのため、トルコ人の反PKK感情は強い。親クルド政党はPKKの武力抗争とは距離を置いてきたが、PKK党首で一九九九年からイスタンブールに近いイムラル島で服役しているオジャランが主張した政治的解決には共感してきた。しかし、多くのトルコ人はPKKやオジャランの全てを否定しているため、親クルド政党はトルコの中ではなかなか受け入れられてこなかった。トルコで初めて認められた親クルド政党は一九九〇年六月に設立された人民労働党（HEP）であった。九〇年代はクルド系政党の興廃が相次いだがどの政党も党として議席を確保できなかった。

加えて、親クルド政党の議員も自分たちのアイデンティティを強く主張した。例えば、人民労働党の党員であったレイラ・ザナとハティップ・ディジレは議員就任式におけるTBMMにおける宣誓（議員になるためには必ず必要）をトルコ語で行ったものの、その後、この宣誓に対する不満をクルド語で述べた。加えて、ザナのヘッドバンド、ディジレ等のハンカチが、クルドの伝統的な色彩である赤、黄、緑に統一されていた。国会議員の宣誓はもちろん、公共の場ではトルコ語以外の言語の使用が認められていなかったため、彼らは国家反逆罪に問われ、例外的に議員不逮捕特権を剥奪され、逮捕・拘留・起訴されることになった。一九九五年一〇月に彼らを含む四名が一五年の禁固刑となった（刑罰執行法により、最終的には二〇〇五年六月までの刑期であった）。

一〇%足切り条項があったため、親クルド政党はなかなか党としてTBMMで議席を確保することができなかった。人民労働党の後、民主主義党（DEP）、人民民主主義党（HADEP）、民主人民党（DEHAP）、民主社会党（DTP）、平和民主党（BDP）と解党と結党が繰り返されたが、一〇%の壁を破ることはできなかった。親クルド政党として初めて一〇%の壁を破ったのが前述の人民民主党であった。人民民主党は、親クルド政党なので、当然のことながらクルド人の権利拡大を目指している。

しかし、人民民主党は単なるクルド政党ではなく、アレヴィー教徒やアルメニア人などの他のマイノリティの権利拡大、LGBTの権利拡大、女性の権利拡大、環境問題の重視、左派勢力のプラットフォームという性格も有していた。こうした多様な特徴が、それ以前の親クルド政党とは異なる特徴であった。また、二〇一六年一一月に逮捕され、現在も収監されている元党首のセラハッティン・デミルタシュのカリスマも人々を惹き付けた。

2023年5月の選挙前に貼りだされた緑の左派党のポスター

デミルタシュは一九七三年にトルコのエラズーで生まれ、二〇〇六年から政治の世界で活躍している。弱冠三七歳で平和民主党の共同党首に選出され、平和民主党と人民民主党が合併した後の二〇一四年六月には人民民主党の共同党首に選出された。人民民主党はデミルタシュをはじめ、多くの議員が拘束されたものの、二〇一五年一一月の再選挙、二〇一八年の議会選挙でも一〇％以上の得票を獲得することに成功し、親クルド政党をトルコ政治の第三極まで押し上げた。人民民主党は二〇二三年五月の議会選挙前に、緑の左派党（YSP）に吸収合併されることを発表した。

(7) イスラーム系親クルド政党

民族主義者行動党の本部近くにはフュダー・パル（HP）の本部もある。フュダー・パルは二〇二三年五月の選挙で公正発展党率いる人民同盟（主に公正発展党と民族主義者行動党の同盟）を支持することで注目を集めたクルド人を主体とする政党である。クルド人主体の政党と言っても、前述した世俗主義のクルド人から支持を得ている親クルド政党とは一線を画している。端的に言えば、フュダー・パルはクルド人を基調とした親イスラーム政党である。クルド人が多く住む東部および南東部において、最初に設立されたイスラーム主義組織は、クルディスタン・イスラーム党であった。

クルディスタン・イスラーム党に次いで台頭したクルド系イスラーム組織がトルコ・ヒズブッラーであった。トルコ・ヒズブッラーは、シーア派が多いレバノンのヒズブッラーと異なり、スンナ派の過激派組織である。一九八〇年代にヒュセイン・ヴェリオールを中心に立ち上げられ、当初は本屋などで関係者間の会合を重ねていたが、一九八八年からテロ行為を行うようになった。特に世俗的なPKKとは、クルド人の中心都市であるディヤルバクルをめぐって争うなど、その抗争は熾烈を極め、双方合わせて約七〇〇人が死亡したとされる。

しかし、二〇〇〇年一月一七日にイスタンブールのトルコ・ヒズブッラーのアジトに警察が踏み込み、ヴェリオールを殺害、二名の幹部が逮捕された。その一年後、トルコ・ヒズブッラーはヴェリオール殺害の報復として、ディヤルバクル県警の責任者とそのボディーガード5人を殺害した。この犯行を受け、ディヤルバクル県警はその実行犯たち、さらに多くのトルコ・ヒズブッラーの幹部を逮捕した。この一連の事件により、トルコ・ヒズブッラーはその影響力を低下させていった。その一方で、二〇〇〇年代半ばに開かれたトルコ・ヒズブッラーの会合には少なくとも五万人の参加者が集まるなど、ビンギョル、バトマン、ビトリス、ディヤルバクルなど限られた一部の地域でトルコ・ヒズブッラーは民衆から支持を得ていた。武力闘争を牽引してきた幹部たちの多くが逮捕されたことにより、二〇〇〇年代を通して、トルコ・ヒズブッラーは武装闘争から政治運動へと転じた。

そして二〇一二年一二月七日に設立されたのがヒズブッラーと同じく、「神の党」を意味するフュダー・パルであった。フュダー・パルが結党されるまで、クルド系政党と言え

アンカラのフュダー・パルの本部

ば世俗主義の政党のことを指していた。そのため、保守的なクルド人が投票する政党はクルド系政党ではなく、イスラーム系の政党である公正発展党であった。しかし、保守的なクルド人が常に公正発展党に好意的なわけではなかった。

例えば、保守的なクルド人にとって公正発展党が二〇〇〇年代後半から二〇一〇年代前半に進めたPKKとの和平交渉や停戦は受け入れられるものではなかった。また、二〇一一年一二月二八日にイラクとトルコの国境近くのシュルナクのウルデレ地域で、トルコ軍の誤爆によりクルドの一般市民三五名が死亡した事件（ウルデレ事件）も保守的なクルド人を公正発展党から遠ざけた。こうした保守的なクルド人の受け皿となるために設立されたのがフュダー・パルであった。

ただし、トルコ・ヒズブッラーの中で武装闘争を展開していた戦闘員たちはいまだに地下に潜伏しているか、ISへ加わったとする見方が強い。そのため、トルコ・ヒズブッラーがそのままフュダー・パルになったという見方は早計であるが、思想などは通底していると考えられている。

大規模集会がよく開かれるタンドアン大通り

アンカラ大都市市長

ここまで有力な政治家や各政党に焦点を当ててきたが、最後にアンカラの政治家として忘れてはならない、アンカラ大都市市長についても確認していきたい。初代アンカラ大都市市長であるキュトゥクチュ・アリ・ベイから現在のヤワシュに至るまで、アンカラ大都市市長を務めた人物は三〇名だが、トルコ共和国の歴史の中で、最も長くアンカラ大都市市長を務めたのは、メリヒ・ギョクチェクである。

ギョクチェクは一九九四年から二〇一七年まで二三年間にわたり、アンカラ大都市市長の職にあった。ギョクチェクに次ぐ一七年という長期にわたって、アンカラ大都市市長を務めたのがネヴザト・タンドアンであった。アンカライのアナドル駅（この駅も二〇一五年まではタンドアン駅であった）の入り口にあるタンドアンの名を付したタンドアン大通りは、選挙のためにアンカラで大規模集会が開かれる際などに利用される有名な通りである。

話をギョクチェクに戻すと、彼の政治家としてのキャリアは一九八〇年代に有力政党であったオザル率いる祖国党の一員として始まった。ギョクチェクは一九八四年と八九年の地方選挙でアンカラのケチオラン市長に選出された。九〇年代に入るとギョクチェクは祖国党を離れ、エルバカンが党首を務める親イスラーム政党の福祉党に加わる。そして一九九四年地方選挙でアンカラ大都市市長に当選し、イスタンブール大都市市長となったエルドアンとともに、大躍進した福祉党の象徴として一躍注目を浴びる。その後、ギョクチェクは公正発展党へと移り、閣僚は未経験ながら、公正発展党の有力な政治家として名を馳せた。

ギョクチェクは長い大都市市長時代に多くのプロジェクトを立ち上げた。例えば、ディクメンという地区の谷を再開発し、市民が散歩や団らんのできる公園を作るプロジェクトを完成させた。この再開発計画はギョクチェクが市長になる前から始められていたが、プロジェクトを完成させたのはギョクチェクである。

二〇二三年七月現在、アンカラ大都市市長を務めているのは共和人民党選出のヤワシュである。ヤワシュは二〇二三年の大統領選挙への出馬も噂された有力な政治家である。ヤワシュはアンカラのベイパザル出身で、高校までベイパザルで過ごした。ベイパザルは古い町並みが残るアンカラ郊外の名所である。ただし、同じく古い町並みが残るサフランボルが観光地として脚光を浴びたのに対し、ベイパザルは一九九〇年代までは寂れてしまっていた。

ヤワシュは若くして政治家の道を歩んでいたが、政治の世界で最初に大きなインパクトを残したのが地元ベイパザルの市長としての功績であった。ヤワシュは民族主義者行動党の候補としてベイパザル市長選に立候補し、一九九四年の地方選挙では敗れたものの、一九九九年と二〇〇四年の地方選挙で立て続けに勝利し、ベイパザルの市政の立て直しに着手、ベイパザルを復興した。ヤワシュはこの実績を引っ提げ、二〇〇九年の地方選挙でアンカラ大都市市長選に民族主義者行動党の候補として立候補するもギョクチェク、そして共和人民党候補のムラト・カラヤルチンの後塵を拝した。ヤワシュは二〇一三年、共和人民党党首クルチダルオールの誘いを受け、長年所属した民族主義者行動党を離れて共和人民党に加わった。そして二〇一四年の地方選挙で再度

右からヤワシュ、クルチダルオール、イスタンブール大都市市長イマームオール

アンカラ大都市市長選に挑むが、再度ギョクチェクの軍門に降った。ヤワシュの悲願が達成されるのは、ギョクチェクが引退した後の二〇一九年地方選挙である。

アンカラ大都市市長就任後は、安定した手腕を発揮し、市民から多くの支持を得ている。その結果、二〇二三年の大統領選挙の有力な候補の一人となり、最終的に大統領候補はクルチダルオールとなったものの、副大統領候補としてクルチダルオールを支えた。

「政治」抜きにして語れない街

本章ではアンカラと深い関わりのあるトルコの政治家に焦点をあてながら、トルコ政治を概観してきた。アンカラは政治、軍、学生の街であると言われるように、政治のエピソードについてはこと欠かさない。言い換えれば、アンカラの街はどこを歩いても政治の息吹を感じることができる。ここがイスタンブールとの大きな違いだろう。イスタンブールはどこを歩いても歴史を感じることができ、それがイスタンブールの魅力となっている。アンカラは政治と密接に関わっていることが魅力だろう。第2章で述べたように、アンカラも次第に郊外に広がっている。都市化が進むにつれ、新たな通りや公園が新設されている。その中には、比較的最近の政治家の名前を付したものなどが散見される。このように、これからもアンカラは至る所で政治と密接に関わる街であり続けるだろう。

第4章　デモ・クーデター・テロの記憶

行政の中心地＝政変の中心

トルコ共和国成立後の一〇〇年の間、合法・非合法な形で政府の政策に反対するさまざまな運動が展開されてきた。行政の中心であるアンカラは反政府運動の動きの中心地でもあった。国民が時の政府に対して合法的に改革を迫る手段の一つがデモである。筆者が博士課程で中東工科大学に留学していた当時、トルコ人の学生は何か問題が生じたり、自分たちが主張したいことがあったりするとたびたび抗議デモや行進を行っていた。日本では学生デモや行進に遭遇する機会は滅多になかったので非常に新鮮に映った。大学構内だけではなく、アンカラのその他の場所でも大規模なデモが展開されたことが何度かあった。

合法的な手段であるデモとは異なり、非合法かつ暴力を用いて現状変革しようとする動きがクーデターであり、テロである。トルコではこれまで未遂および書簡によるものを含め、八度のクーデターが計画された。当然ながら政治の中心であるアンカラはその舞台となってきた。また、アンカラはイスタンブールと並び、これまでテロの標的となってきた。これは大都市の宿命である。一九六〇年代から一九七〇年代にかけての極右勢力と極左勢力の活動、非合法武装組織であるＰＫＫもしくはＰＫＫに近い組織によるテロ、二〇一四年にシリアで発足したＩＳによるテロ、さらに二〇一六年には駐トルコ・ロシア大使が美

デモとテロが起こった場所

術館で白昼堂々殺害されたショッキングな事件があった。本章ではアンカラで起きた反政府運動を振り返りたい。

アンカラの中心地、クズライでのデモ

アンカラで起きた大規模な反政府運動として最も古いのは、一九六〇年五月五日にクズライで起きた反政府デモである。クズライは一九五〇年代から現在に至るまで、アンカラの町の中心である。クズライの交差点はアンカラで最も人々の往来が多い場所である。古くから人々はクズライでショッピングを楽しんできた。現在その中心はクズライショッピングモールであるが、ズィヤ・ギョカルプ通りの南側には古本屋街、本屋、カフェ、文房具屋、ケバブ屋などがところ狭しと並んでおり、連日にぎわっている。

クズライの交差点

また、ズィヤ・ギョカルプ通りの北側にはサカリヤ通りがある。サカリヤ通りは魚屋、花屋、健康食品、そしてバーが有名である。一九九九年にケニアのギリシャ大使館で逮捕されたのがＰＫＫの党首、オジャランである。オジャランはイスタンブール大学に入学したものの、その後アンカラ大学政治学部に入り直したという過去がある。そのオジャランが逮捕された後に何がしたいかと問われた際の答えが「サカリヤ通りでビールが飲みたい」であった。

このクズライで大規模なデモ

が起きたのは一九六〇年である。時の政権は一九五〇年と一九五五年の総選挙で勝利した民主党であり、その中心が首相であるメンデレスであった。メンデレスが牽引する民主党政権は、ケマルが結党した共和人民党の一党独裁を初めて倒した政党であり、第1章で触れたように、イスラームの再評価を行うなど、国民から人気を得た。

しかし一九五四年の総選挙で勝利し、二期目に入ると、その様子が変わった。民主党政

サカリヤ通り

サカリヤ通りの花屋

権は次第に国民の支持を失い始める。その背景には、輸入超過による財政の圧迫とそれに伴う物価の高騰と品不足、そして報道と出版への圧力があった。加えて、二代目大統領の職を退いた後、共和人民党の党首に就任していたイスメトに対する個人攻撃を民主党は戦略として実施していた。この、トルコ共和国設立の功労者であり大統領の職にも就いていたイスメトへの攻撃は、軍部、そしてケマルの国家運営の指針を信奉する人々にとって目に余る行為に映った。

例を挙げよう。一九五九年五月一日にはエーゲ海地方のウシャクで遊説中のイスメトに対して若者が投石を行い、イスメトは頭部を負傷した。その三日後、イスタンブールのトプカプ地区でイスメトを乗せた車が民主党支持者に囲まれ、暴行を加えられそうになった。さらに翌一九六〇年四月二日には共和人民党の集会に出席するためイスメトが列車でカイセリ市を訪れた際、カイセリ知事がイスメトのカイセリ市への訪問を拒否し、イスメトは三時間も市外で待たされることとなった。

こうした民主党の対応は軍の若手将校たちにクーデター計画を進めさせるとともに、反民主党の学生運動を活性化させた。その動きは一九六〇年に本格化する。四月二七日にイスタンブールで学生デモ隊と警察の衝突が発生すると、学生デモはアンカラにも飛び火し、四月二九日にはイスタンブールとアンカラに戒厳令が出された。しかし、学生デモは収まらなかった。五月五日には、その日の午後五時にクズライに集まるよう民主党政権が呼びかけを行い、首相であるメンデレスが直接学生をはじめとする大衆に反政府デモを取りやめるよう演説を実施した。しかし、大衆が暴徒化し、メンデレスは危うく暴行されかける「５５５Ｋ事件」が発生した。

民主党政権はその後、５５５Ｋ事件と同月の五月二七日に起きた軍事クーデターにより政権が崩壊する。メンデレスらはイスタンブールに近いヤッスス島に収監され、一九六〇年一〇月一四日から裁判が開始され、メンデレスや大統領であったバヤルを筆頭に多くの幹部に対して死刑が求刑され、一九六一年九月一五日にメンデレス、バヤル、外務大臣であったゾルルをはじめとした一五名に死刑、三一名に終身刑の判決が出された。ただし、バヤルは七八歳と高齢だったため、終身刑に減刑された。最終的にメンデレス、ゾルル、そして財務大臣であったハサン・ポラトカンの三名の死刑が同日執行された。しかし、メンデレスは一五日の判決前に自殺未遂をしたため、意識が回復した一七日に刑が執行された。バヤルはその後、一九六六年に恩赦を受け、一九七四年に政治的権利を回復した。その後、一九八六年に死去するまで一〇三歳の生涯を全うした。

公園再開発反対デモ、ゲズィ抗議

その後、アンカラでは555K事件のようなインパクトのあるデモはなかなか起こらなかったが、サカリヤ通りやクズライとウルスの間のスーヒエなどでは小規模な労働デモなどがたびたび起きた。また、前述したように、中東工科大学など、いくつかの大学では構内でも頻繁にデモが起きていた。

筆者が大規模デモを間近で見たのは、二〇一三年五月から六月にかけてイスタンブールのタクシム広場に近いゲズィ公園の再開発に反対する抗議集会として始まった、いわゆる「ゲズィ抗議」に端を発するデモである。ゲズィ抗議はアンカラをはじめ、全国各地に広がった。筆者が目撃したのはアンカラのカヴァクレデレ地区にあるクールパークでのデモである。筆者はワークショップに参加するために出張したこの二〇一三年六月ほど、人々の変化を希求する熱気を感じたことはなく、新鮮かつ驚きを持ってこのデモを見たことを覚えている。

もう少し詳しくゲズィ抗議について触れておこう。ゲズィ公園にショッピングモールを建設する計画は、二〇一二年一一月八日に発表されていたが、実際に工事が始まったのは翌年の五月二七日であった。この計画に反対する抗議者たちに対し、警察が催涙ガスと放水によって、強制的に立ち退きを迫った。こうした警察による強引なやり方とエルドアンの「再開発計画を変更するつもりはない」という発言が導火線となり、ゲズィ公園の再開発と森林伐採反対運動は、次第に反政府運動へと発展した。五月三〇日にはゲズィ公園に一万人以上が集まり、トルコの四〇以上の都市に反政府運動が飛び火した。この抗議運動

夜のデモに参加する人々

クールパークに寝泊まりするデモ参加者

デモ参加者による落書き

で大きな役割を果たしたのがSNSであった。六月一日にトルコ語でのツイートがそれまでで最も多い約一八八〇万件（二〇一三年当時、一日約七〇〇万件が一般的であった）を記録した。

このゲズィ抗議に対し、当時のギュル大統領やビュレント・アルンチ副首相は融和的な態度を示したが、首相であったエルドアンは断固として抗議運動に妥協しなかった。そのエルドアンは反政府デモに対抗するため、一連の「国民の意志を尊重する会合」を開催した。この会合は六月一五日にアンカラを皮切りに、イスタンブール（一六日）、カイセリ（二一日）、サムスン（二二日）、エルズルム（二三日）で開催された。この会合によって次第にゲズィ抗議は下火になっていった。筆者はイスタンブールでの会合の様子を出張先のホテルのテレビで中継を見ていたが、エルドアンの演説の迫力に圧倒された。まさしく「強いリーダー」像そのものであった。

イスラエルのガザ攻撃に対するデモ

筆者が目撃し、驚いたもう一つの抗議デモは、二〇一〇年五月三一日に起きたイスラエルによるガザ支援船団攻撃事件に際してのデモであった。この事件は、二〇一〇年五月三一日に救援物資をガザ地区に届けるためにガザ沖を航海していた、約七〇〇〇人のトルコやヨーロッパの活動家・政治家と、約一万トンの支援物資を乗せた六隻の支援船が、イスラエル軍から攻撃を受けるという事件であった。

そしてその中の一隻、マーヴィ・マルマラ号に乗船していた八人のトルコ人とトルコ系米国人の計九人が死亡し、多くの乗組員が負傷したのである。この時、筆者は所用で大使館が多いガズィオスマンパシャ地区に出向いていたが、その帰りにクズライ方面に向かっていくと、急に多くの人々がデモを行っている姿が目に映った。奇異に感じたのは、それが大学やクズライのサカリヤ通りなどで目にするデモ参加者と違い、スカーフを身に着けた女性が主体だったことである。それもアンカラやイスタンブールの市街地で目にしている洗練されたスカーフを身に着けた女性とは雰囲気が異なり、どこか田舎っぽさを感じさせる人たちという印象であった。パレスチナ人の仇であるイスラエルによるトルコ人の襲撃に我慢できずに田舎から出てきた保守的な考えを持つ女性たちの可能性もあるが、一度にそれだけ多くの数が集まるのは容易ではない。公正発展党の各地域の支部などが協力し、多くの人々をアンカラの市街地に集めるといった動員をかけた可能性もある。いずれにせよ、それまでトルコで見たことがない保守的な女性たちの力強いデモに面食らった。

もちろん、このガザ支援船団攻撃事件およびトルコとイスラエルの関係悪化は突然起こったわけではなかった。二〇〇〇年代終盤のトルコとイスラエルの関係について少し振り返ってみたい。二〇〇〇年代後半、トルコとイスラエルの関係は良好であった。特にエフード・オルメルトが首相に就任して以降、トルコはイスラエルとシリアの仲介に乗り出すなど、ムスリムとしてのアイデンティティが強いエルドアンもオルメルトを信頼した。

二〇〇八年四月末にエルドアンがシリアを訪問した際に、オルメルトからのメッセージをバシャール・アサド大統領に伝達した。これに対し、アサドは「シリアはトルコとイスラエルと協力する準備ができている」と返答し、五月二一日には正式にトルコの仲介の下で、一回目の間接協議が実施された。イスラエルとシリアの正式な協議は二〇〇〇年以降開催されていなかったが、両国はマドリッド会議の枠組みを軸に話し合いを再開することが確認された。二回目の間接協議は六月一五日と一六日、三回目は七月二日に行われた。これらの会議でイスラエルとシリアの関係に進展はなく、両国は直接協議の実施も否定していたが、少なくともトルコは両国からの信頼を高めていた。四回目の間接協議が七月二九日と三〇日に行われて以降、新たな協議が開かれることはなかった。しかし、四回の間接協議の実施で仲介者としてのトルコの立場は、国際社会からも評価された。

しかし、この両国間の友好な関係は二〇〇八年年末に突如破綻する。二〇〇八年一二月二二日にオルメルトがトルコを訪問し、イスラエルとシリアの直接交渉の可能性について話し合ったが、それから五日後の一二月二七日にイスラエルはガザ地区に対する空爆を開始した。空爆は一月一八日まで続き、エルドアンはこの攻撃を終わらせるために一二月末から二〇〇九年一月初頭にかけてシリア、ヨルダン、エジプト、サウジアラビア、パレスチナを訪問したり、国連事務総長の潘基文事務総長と会談を行ったりした。

また、トルコ各地でガザ攻撃に対する大規模デモが起こり、特にイスタンブールでは二〇万人もの市民が参加した。エルドアンにとって、オルメルトは信頼関係を築いてきた相手であり、かつガザ攻撃直前に会談したにもかかわらず、ガザ攻撃について何も言及しなかったことに大きく失望し、オルメルトおよびイスラエルに対する態度を硬化させた。二〇〇九年一月末のダボス会議（世界経済フォーラム）において、エルドアンとイスラエルのシモン・ペレス大統領のガザ攻撃に関する討論会が行われた。この討論会でエルドアンはイスラエルの行動に強い不満を示し「今後ダボスに来ることはない」と述べ、ペレスを残して退席した。その後、両首脳は電話会談を行い、事態の収拾に努めたと言われているが、この事件は世界中に両国の関係悪化を印象付ける結果となった。

二〇〇九年二月一〇日に実施されたイスラエルの総選挙で、オルメルトから九〇年代の中東和平を停滞させたベンヤミン・ネタニヤーフに首相が交代したことも地域の安定を志向するトルコにとっては懸念事項であった。さらに同年一〇月一二日から二三日までトルコで実施される予定だったNATO軍・米軍・イタリア軍・トルコ軍・イスラエル軍による年次の合同軍事演習に関して、突然トルコがイスラエルの参加を見合わせるよう打診した。これにより、演習は急遽中止となった。

さらに二〇一〇年、一月一一日に当時イスラエルの外務副大臣ダニー・アヤロンが駐イスラエル・トルコ大使を務めていたオウズ・チェリッコルを呼び出し、トルコで放映されているテレビドラマ「狼たちの谷」におけるイスラエルの扱いに対して不満を述べた。その際、アヤロン副大臣はチェリッコル大使を自分より低いソファーに座らせ、大使との握手を拒否した。アヤロンの不満はヘブライ語で述べられたため、チェリッコルは理解せずにその場に留まっていたと言われている。このアヤロンの対応に際してトルコ側はチェリッコルを召還することも辞さないとしたが、一三日にネタニヤーフからエルドアンに対して、またアヤロンの事務所からチェリッコルに対して謝罪文が送られたため、トルコ側はこれを受け入れ大使の召還を見合わせた。こうした状況下で起きたのがガザ支援船団攻撃事件であった。

ムスリムとしてのアイデンティティが強いエルドアンにとって、ガザ攻撃のようなパレスチナの無垢の人々を巻き込みかねない事態は到底許容できる行為ではなかった。同時にトルコ国内外の敬虔なムスリムもこのエルドアンの姿勢を好意的に捉えている。エルドアンのパレスチナ問題に関するイスラエルへの厳しい姿勢はその後のガザ攻撃、二〇一七年の米国のドナルド・トランプ政権のエルサレム首都認定の際にも見られた。アンカラでも二〇一〇年と同様の反イスラエルのデモが二〇一四年七月のガザ侵攻の際にも起こった。

シリア難民に対するプロテスト

トルコには二〇一一年三月にシリア内戦が起こった翌月からシリア難民が流入し始めた。トルコにシリア難民が流入した理由はいくつかある。まず、トルコとシリアは約九一〇キロメートルにわたり国境を接しているという地政学的な要因が挙げられる。シリア北部に居住する人々が内戦の戦火から逃れるためにトルコを選択するのは自然な成り行きであった。また、二〇〇九年以降、トルコとシリアは国境を開放していたこともそれに拍車をかけた。

二つ目の理由として、トルコとシリアの人々はクルド人を除くとトルコ人とアラブ人で異なる民族だが、イスラームという宗教を信仰している人が多いという共通点がある。同胞のムスリムを支援するという言説は、シリア内戦勃発時から頻繁に見られた。特にハタイ、ガズィアンテプ、キリス、シャンルウルファなどはアラブ人人口も多く、出稼ぎなどにも国境を跨いで出かけていたため、多くのシリア人が流入した。

三つ目の理由として、二〇一一年終わりごろからトルコがアサド政権に対抗する反体制派の後見人となったことがあげられる。これにより、反体制派を支持する人々が脱出先としてトルコを選択するようになった。加えて、シリアにはトルコと関係が深いトルコマンの人々が住んでいる。彼らの主な居住地はラタキア、イドリブ、アレッポ、タルトゥース、ホムス、ダマスカスなどである。トルコマンの人数は正確にはわかっていないが、五〇万人から三〇〇万人ほどと見積もられている。トルコマンは二〇一二年二月一五日に「シリア・トルコマン・ブロック」を結成し、トルコから支援を受け反体制派に参加した。

加えて、当時の外務大臣、ダヴトオールが「人道外交」を打ち出し、シリア難民の受け入れを積極的に展開したという政策面の要因も見逃せない。彼が目指したのは、難民対策を通じて、トルコのソフトパワーを高めることであった。そのため、シリア難民を「客人」と見なし、門戸を開放する政策を採った。

トルコの難民受け入れは歴史的に「一時的」なものを想定してきた。これは言い換えると、難民がトルコに長期滞在することを想定せず、自発的に本国に帰還するか、第三国に定住することを期待するものであった。トルコは世界の難民受け入れの基準である二つの法、一九五一年の難民の地位に関する条約、および一九六七年の難民の地位に関する議定書に地理的制限を設けて調印している。具体的には、トルコに行きついた人々で国際的な保護が必要な場合、「ヨーロッパ市民に限り」、完全な難民の地位を付与する責任が生じるというものであった。裏を返せば、非ヨーロッパ難民は一時的な保護の地位のみ取得可能であることを意味した。しかし、実際にトルコに難民としてやってくる人々の多くは非ヨーロッパ難民であった。

シリア難民も非ヨーロッパ難民であるため、シリア難民のトルコにおける地位は基本的に一時的な保護であった。一時的な保護の下で難民は、無料の健康診断、公共の教育機関もしくは一時的な教育センターへの入学（コロナ禍で全て閉鎖）、条件付きでの労働許可の権利を保障され、テレビ・ガス・水・携帯電話の契約も可能である。このように最低限の権利が付与されているものの、シリアの混乱が長期的に続くと考え、トルコでの定住を視野に入れる難民にとっては当然満たされる境遇ではなかった。

トルコでは難民に関する独自の法律はなかなか制定されず、一九九四年にバルカン半島からの大規模な移民に対応するために「他国からの庇護申請者の滞在許可に関する条件」という法律が制定されたのみであった。シリア難民危機を受け、二〇一三年四月に「外国人および国際保護法（法律第6458号）」がTBMMで承認、二〇一四年四月から同法が施行された。

スレイマン・ソイル内務大臣（当時）の二〇二二年八月一八日の発言をもとにすると、約二一万一〇〇〇人のシリア人がトルコにおいて市民権を持ち、そのうちの約一二万人が

図1　トルコ人のシリア難民に対する見方

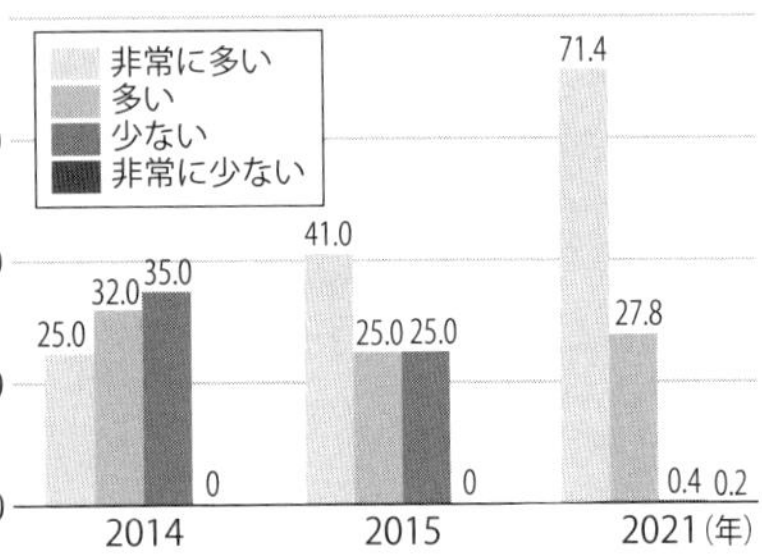

選挙での投票権を有している。二〇二三年五月初旬の時点でトルコに滞在するシリア人の数は約三四〇万人であるが、市民権を獲得しているシリア人はかなり少ない状況である。加えてトルコ人のシリア難民に対する見方は年々厳しくなっている。

図1は二〇一四年、二〇一五年、二〇二一年のトルコ人のシリア難民に対する見方の世論調査の結果である（二〇一四年と二〇一五年はジャーマン・マーシャル基金の調査。二〇二一年は今井による調査。サンプル数は約一〇〇〇人）。この表からは、多くのトルコ人が二〇二一年にはシリア難民が多すぎると回答していることを理解することができる。

このように、トルコ人のシリア難民に対する見方が厳しくなる中で、シリア難民とトルコ人の間のトラブルをきっかけとする対シリア難民抗議運動が発生するようになる。それはアンカラも例外ではなかった。二〇二三年七月現在、アンカラには約九万人のシリア難民が生活しているが、二〇二一年八月にはシリア難民が多く暮らすアルトゥンダー地区でシリア難民二名とトルコ人の間で口論が起き、トルコ人男性が死亡する事件が起きた。この事件発生後、アルトゥンダー地区に数百人のトルコ人が集まり、シリア難民がトルコに住み続けることに反対するチャントが繰り返された。同月、アンカラでは反難民政党である勝利党がウミト・オズダーを中心に結成されるなど、シリア難民のトルコ流入から一〇年の時を経て、反シリア難民感情があふれ出す結果となった。

勝利党の本部。「難民はトルコに一人も残らない」というスローガンと党首のウミト・オズダー

クーデターで押さえるべきは国営放送

クーデターが起きた際、どういう場所で起こることが多いだろうか。携帯電話やスマートフォン、SNSで一般人が簡単に情報を発信できるようになる前は、まずテレビ局やラジオ局を襲撃し、そこからクーデターが実行に移されたことを国民に向けて発信するのが常套手段であった。トルコでは、これまで未遂も含めて

表1　トルコにおける過去のクーデター（未遂含む）

年月日	形式	クーデターの主な理由	首謀者
1960.5.27	軍事クーデター（成功）	メンデレス政権の独裁	青年将校
1962.2.22	軍事クーデター（失敗）	軍主導の改革の強化	アイデミル陸軍大佐
1963.5.20	軍事クーデター（失敗）	軍主導の改革の強化	アイデミル陸軍大佐
1971.3.12	書簡による勧告（成功）	治安の悪化	統合参謀本部
1980.9.12	軍事クーデター（成功）	治安の悪化	統合参謀本部
1997.2.28	書簡による勧告（成功）	政教分離	統合参謀本部
2007.5.1	ウェブサイトでの警告　（失敗）	政教分離	統合参謀本部
2016.7.15	軍事クーデター（失敗）	政権に対する不満	軍における現状に不満を持つグループ

（筆者作成）

八回のクーデターが起きたが、武力によるクーデターでは二〇一六年七月一五日のクーデター未遂を除き、全てのクーデターおよびその未遂が国営放送のトルコ・ラジオ・テレビ放送（以下、TRT）を襲撃している。

アンカラのTRTは現在では本部が郊外のオランにあるが、一九六〇年代はウルスにあり、そこに将校たちが突撃するという段取りであった。特にタラット・アイデミル陸軍大佐が起こした二度目のクーデター未遂で、TRTはその主要な舞台となった。ここでアイデミルがなぜクーデター未遂事件を起こしたかについて触れておこう。

アイデミルは陸軍大佐という肩書きのように軍の有力者であったが、一九六〇年五月二七日クーデター後の暫定軍事政権では要職に就けず、また、ギュルセルが主張していた、できるだけ早期の民政移管にも反対していた。第3章で述べたように、トゥルケシュに代表される急進的な若手軍人一四人の多くが国外追放になる中で、アイデミルは陸軍士官学校に従事した際の教え子たちを中心にクーデターを画策した。

現在のTRT。2016年のクーデター未遂では軍の一部が占拠

一度目のクーデター未遂は、一九六二年二月に起きた。アイデミルが当時の統合参謀総長であったジェブデット・スナイたちに一九六〇年クーデターに次ぐ再度のクーデターの実施を熱心に説いたものの、受け入れられなかった。アイデミルの動きを不安視した統合参謀本部がアイデミルに人事異動を言い渡したが、これに反発したアイデミルとその教え子たちが、統合参謀本部にアイデミルに対する人事異動の撤回を要求するとともに、チャンカヤ地区の一部を戦車で包囲した。この動きに対し、統合参謀本部に忠誠を誓う他の部隊が駆けつけ、トルコ軍同士の衝突が危惧されたが、

政府首脳、軍首脳、アイデミルの間で交渉が行われた結果、アイデミルたちの要求は退けられ、アイデミルおよび彼に付き従った将校たちは退役処分となった。アイデミルたちへの処分は一九六〇年クーデター後、早期の民政移管に関して軍部の中に燻っていた不満も考慮し、比較的軽いものとなった。

これで事態は収束するかに思われたが、アイデミルたちはあきらめていなかった。前回のクーデター未遂から一年三ヵ月後の一九六三年五月二〇日に再度、クーデターを試みたのである。約一五〇〇人の反乱軍は、午後一一時にTRTを占拠し、国民に向けて「軍部が権力を掌握し、TBMMは解散した」と報じた。この実況を聞いていた軍部のアリ・エルヴェルディ中佐は部下を率いてTRTに急行し、反乱軍を鎮圧するとともに「先ほどの放送には信憑性がなく、クーデターは起こっていない」と国民に伝えた。まさにTRTがクーデターの最前線となった。さらに翌日早朝に空軍が、反乱軍に対し、投降しなければ爆撃を行うと警告し、最終的に反乱軍は投降、アイデミルたちは逮捕された。二度目のクーデター未遂の結果、軍法会議においてアイデミルとその側近たちには死刑判決が下り、すみやかに刑は執行されたのであった。これで一九六〇年クーデター後の民政移管は軌道に乗ることとなった。

TBMMも標的となったクーデター未遂事件

トルコでのクーデターと聞いて記憶に新しいのが、二〇一六年七月一五日のクーデター未遂事件である。この事件に関しては覚えている読者も多いのではないだろうか。同日夜七時半、トルコでは三六年ぶりとなるクーデターの決行が軍部の一部のグループによって実行に移された。「反乱グループ」は九時頃に慣例通りにTRTを占拠し、女性キャスターに声明文を読ませた。また反乱グループは、イスタンブールではアタテュルク国際空港やボスポラス大橋といった交通の要所でなおかつ象徴的意味合いを持つ施設、ア

2016年７月15日に起きたTBMMへの攻撃の痕。窓が壊れている

フェトフッラー・ギュレン

ンカラではTRT、空港、および軍部の本丸である統合参謀本部が占拠され、当時のアカル統合参謀総長をはじめとする軍部のトップも拘束された。また、大統領のエルドアンは不在であったが、TBMMにミサイルが投下されるなど、トルコ政治は一時的に危機に瀕した。当時、アンカラに在住していた邦人の方の話では、TBMMが攻撃された際は一〇キロほど離れていた場所にもかかわらず、ものすごい爆音と衝撃だったということであった。

休暇のため、地中海のリゾート地であるマルマリスに滞在していたエルドアンからSNSを通じて国民に対するメッセージがCNNトルコの仲介で公開されたのは夜九時半であった。エルドアンは、今回のクーデターは軍部の一部勢力による反乱であり、国民は外に出てこの行動に抗議してほしいと訴えた。その後、一六日未明にエルドアンはアタテュルク国際空港で再度クーデターの試みを非難する声明を発表した。その後、反乱グループは後退し、朝五時にはアカル統合参謀総長が釈放され、正午までに反乱は鎮圧された。

このクーデター未遂の首謀者とされたのが、フェトフッラー・ギュレン師率いるギュレン運動であった。ギュレン運動は、草の根の宗教集団であり、教育、メディアの活用、ト

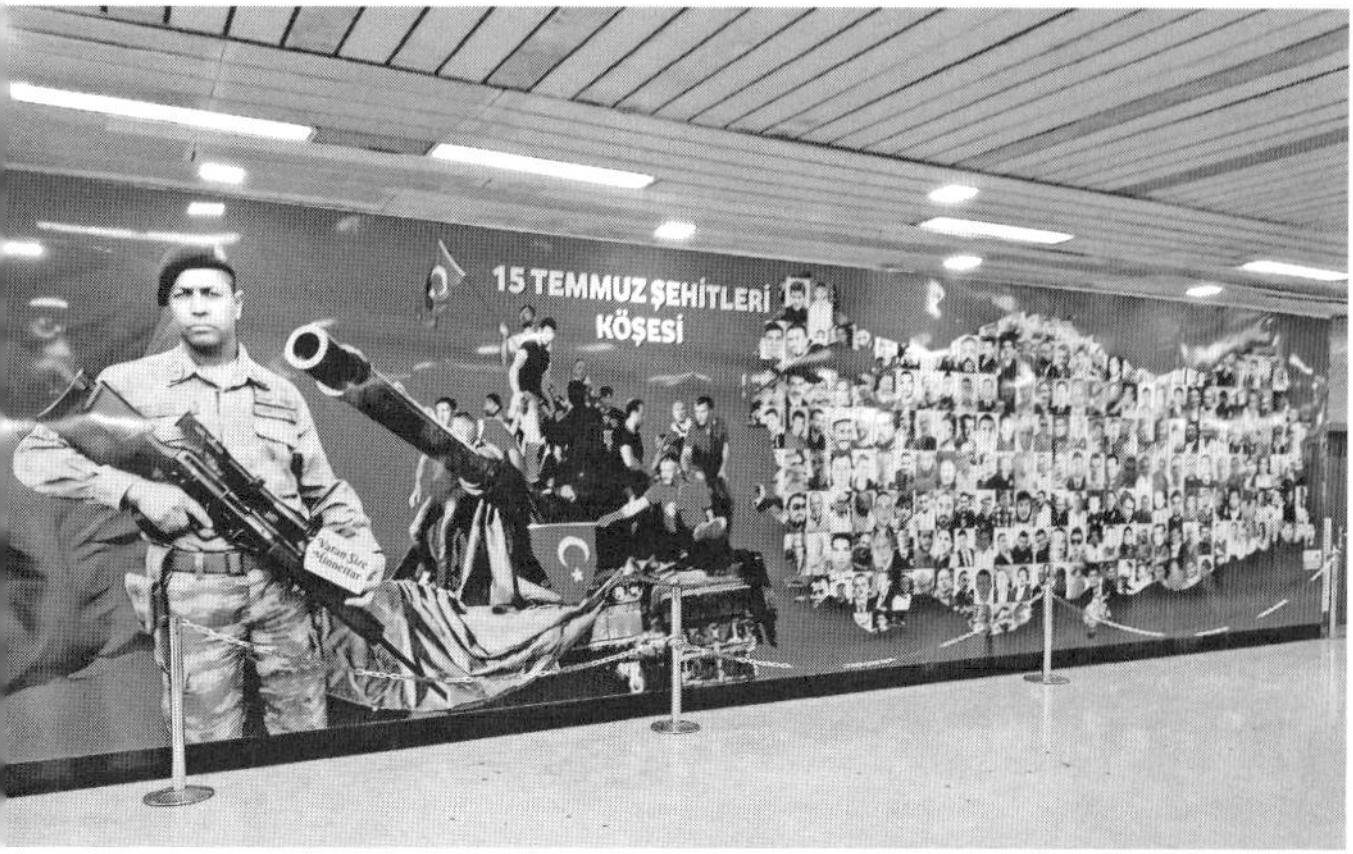

7月15日クズライ国民の意志駅内のクーデター未遂を伝える展示

ルコ国外での布教活動を行うとともに、警察や軍にもその影響力を浸透させていた。軍の中のギュレン派が中心になってこのクーデター未遂が起こったと言われている。その後、反ギュレン運動キャンペーンが大々的に展開され、国家機関、大学などトルコ国内のさまざまな機関からギュレン運動関係者および関係が疑われる人々が一掃された。またトルコ政府は各国政府にギュレン派の人々の引き渡しを求めた。しかし、ギュレン師が滞在している米国をはじめ、多くの国がトルコ政府の要求に応じていない。

また、このクーデター未遂事件では二四八人が犠牲になるという甚大な被害を出したが、一八〇人が一般市民であった。イスタンブール大橋（イスタンブール第一大橋）は橋を閉鎖した反乱勢力に対し、市民が橋を解放しようと試み、多くの犠牲者を出した。犠牲になった人々の勇気を称えるために、橋の名称が「七月一五日殉教者大橋」へと変更された。アンカラでもこのクーデター未遂事件を風化させないためにクズライの地下鉄の駅名が「七月一五日クズライ国民の意志駅」へと名称が変更された。

一九六〇年五月二七日のクーデター

ここまではクーデター未遂事件について言及してきたので、実際に成功したクーデターについても確認しておこう。まず、一九六〇年五月二七日クーデターについて見ておくと、このクーデターの直接的な動きは民主党が権威主義化し始めたことに不満を抱く、クーデターを目的としたグループが一九五五年にイスタンブールで立ち上げられたことに端を発している。その後、同様の二つのグループがアンカラでも立ち上げられた。

これらのグループは一九五七年夏から共闘していったが、即時のクーデターを目指す者とクーデターの実行により慎重な者との間で意見対立が続いていた。しかし、即時のクーデターを目指したグループの行動が外部に漏れ、一二月末に九人の若手将校が逮捕された(「九人の将校事件」)。この事件後に若手将校の中で中心的役割を果たすようになったのが、サディ・コチャシュであった。彼はクーデター計画に同意する軍部高官を慎重に選定し、最終的に一九五八年の年末に陸軍司令官のギュルセルに白羽の矢を立てた。ただし、クーデター直前にギュルセルは退役してしまったため、若手将校たちは、ギュルセルの代わりに新たにジェマル・マダノーウル少将を選定し、一九六〇年五月二七日にクーデターが決行された。

一九八〇年九月一二日のクーデター

一九八〇年九月一二日クーデターは、一九七〇年代後半から続く国内秩序の混沌とした状況を終わらせるべく、軍部の上層部によって決行された。その当時、トルコの輸入代替工業は石油危機以降、苦しい状況に追い込まれていた。トルコ国内の工業および農業の生産が上がらず、対外債務は膨らみ、インフレが拡大した。

こうした経済の苦境は、低賃金労働者や若者の失業を拡大させ、それが労働者と学生の運動を拡大、過激化させた。先鋭化した左派とそれに対して民族主義者行動党が後押しした右派が対立し、連日多くの死傷者がでた。一九七七年には二三〇人、一九七八年には一〇〇〇人、一九七九年には一五〇〇人へと犠牲者は拡大の一途をたどった。また要人の殺害も後を絶たず、外国人、大学の教授、労働組合の幹部などが犠牲となった。こうした状況にデミレルやエジュヴィトが率いた連立政権は全く対処できなくなっていた。

一九八〇年九月一二日午前四時、統合参謀総長のケナン・エヴレンはＴＲＴのラジオで、「議会と政府を解任し、軍部がトルコ共和国の統治を行うとともに、全国に戒厳令を発動する」という短い声明を出した。そして、同日午後一時には「文民政府がテロを食い止めることに失敗したため、軍部が政治に介入した」という趣旨の声明を、再度ＴＲＴのラジオで読み上げげた。そして、統合参謀総長である自身と、陸・海・空・ジャンダルマ（国内治安維持軍）の四司令官から成る国家安全保障会議の設置と同評議会が行政と司法の最高機関の役割を暫定的に果たしていくことを確認し、国民に支持を訴えた。この軍政は約二年半続き、文民政府に移管された。エヴレンは一九八二年から八九年まで大統領を務めた。

左派の暴力行為について付言しておきたい。トルコにおいても他国と同様、一九六〇年代から七〇年代にかけて学生運動が活発化した。この背景には、地方で仕事がなく、多くの若者がイスタンブールやアンカラといった大都市に流入したことがあげられる。またその頃、大学に進学する若者も増え始め、大学生の人数は一〇年で約二倍となっていたことも学生運動を後押しした。

一九六〇年代から七〇年代にかけて学生運動は盛んであったが、特に一九六八年から七一年の時期が激しかった。まず一九六八年四月にアンカラ大学神学部で米国のヴェトナム戦争に反対する反戦運動、そして米国と同盟を結ぶ政府批判が起こり、この動きが全国の大学に波及した。翌年一月六日には、中東工科大学を訪問したロバート・コメル駐米大使の公用車が、学長室が入るビルの目の前で極左のトルコ革命青年連盟によって焼き討ちされる事件が起きた。一九五六年に設立された中東工科大学はアンカラ大学と並び、左翼の学生が多いことで知られていた。現在でも同大学のスタジアムには革命を意味する「デヴリム」の文字が刻まれている。

現在の中東工科大学の学長ビル

学生運動の名残がある中東工科大学のスタジアム

この時期の学生運動の中心となったのがトルコ人民解放軍である。トルコ人民解放軍の中心人物はデニズ・ゲズミシュとマヒル・チャヤンであった。ゲズミシュが行動派であったのに対し、チャヤンは戦略家という位置付けであった。

トルコ人民解放軍は、一九七一年一月から三月にかけて立て続けにアンカラやイスタンブールの銀行を襲撃した。そして、同年二月一五日に一人、三月四日に四人の米兵を誘拐した。三月五日には、誘拐された米兵を探していたジャンダルマの兵士と中東工科大学の敷地内で銃撃戦を展開し、学生一人が死亡した。誘拐された米兵五人は無事に解放され、事件に関与した疑いでゲズミシュらは逮捕された。しかし、ゲズミシュが拘留されていた五月七日にも、イスタンブールでイスラエルの総領事エフライム・エルロムが誘拐され、約二週間後に遺体で発見された。この事件の首謀者はチャヤンで、彼もほどなく逮捕された。二人はもちろん死刑となったが、特にゲズミシュは現在でも人々からカルト的人気を集めている。

二〇一五年・二〇一六年のアンカラでの一連のテロ

二〇一五年六月から二〇一七年一月まではPKK関連の組織およびトルコのIS関係者のテロが相次いだ。アンカラでも二〇一五年一〇月、二〇一六年二月、そして三月と立て続けにテロが起きた。さらに二〇一六年一二月一六日には以前米国大使館があった場所にほど近いチャーダシュ・サナット・センターで、駐アンカラ・ロシア大使を務めていたアンドレイ・カルロフが写真展の開会の辞を述べる際に警護のために会場にいた警察官に背後から銃撃され死亡する事件が起きた。

まず、二〇一五年一〇月のテロについて話していきたい。一〇月一〇日にスーヒエとウルスの間にある長距離鉄道の発着駅、アンカラ・ガルの前で平和を求める集会が開かれたが、同集会を狙った大規模な自爆テロが発生、一〇九名が犠牲となった。このテロは死者数でトルコ共和国史上最悪のテロ事件となった。このテロの背後にいたのが、ISのトルコ支部と言われている。

表2　2015年6月以降にトルコで発生した主なテロ

年月日	場所	実行犯	犠牲者
2015.6.5	ディヤルバクル	IS	4名死亡
2015.7.20	スルチ	IS	32名死亡
2015.10.10	アンカラ	IS	109名死亡
2016.1.12	イスタンブール	IS	10名死亡
2016.2.17	アンカラ	TAK（PKK関連組織）	28名死亡
2016.3.13	アンカラ	TAK	37名死亡
2016.3.18	イスタンブール	IS	5名死亡
2016.6.28	イスタンブール	IS	47名死亡
2016.8.21	ガズィアンテプ	IS	54名死亡
2016.11.4	ディヤルバクル	IS	11名死亡
2016.12.10	イスタンブール	TAK	48名死亡
2017.1.1	イスタンブール	IS	39名死亡
2022.11.13	イスタンブール	PYD（PKK関連組織）	6名死亡

各種報道を参照し、筆者作成

表2にあるように、二〇一五年に三回のISによるテロが起きたが実行犯はいずれもアドゥヤマン出身の若者であり、標的とされたのは主にクルド人のグループであった。アドゥヤマン出身のトルコ人から構成されるISのグループは、当初「アドゥヤマン・グループ」と呼ばれていたが、その後、アドゥヤマ

ンでISのリクルーターをしていたムスタファ・ドクマジュという人物の名前をとって、「ドクマジュラル・グループ」と呼ばれるようになった。

アドゥヤマンでISのリクルート活動が始まったのは、二〇一三年頃からと見られている。アンカラでのテロの実行犯であるユヌス・エムレ・アラギョズは、アラビア語の教育を受けるために、二〇〇八年からアフガニスタン、シリア、イラク、イラン、サウジアラビアなどに渡っていたと言われる。その過程でイスラームの中でも特に過激な言説に惹かれるようになったと考えられる。そして二〇一四年に帰国してからは、アドゥヤマンでチャイハーネ（トルコの喫茶店）を始めるとともに若者にイスラームの教えを説いていた。その中でドクマジュと出会い、経営するチャイハーネで若者をISに勧誘するようになっていったようである。彼の弟のシェイフ・アブドゥルラフマン・アラギョズは二〇一五年七月二〇日のシャンルウルファ、スルチでの自爆テロの実行犯であった。

午前一〇時過ぎの集会が開かれている最中にユヌス・エムレともう一名の犯人（いまだに詳細不明）によって二度の自爆テロが実行され、尊い命が犠牲になった。犠牲者の追悼のため、事件の現場には犠牲者の顔写真が入ったモニュメントが設置された。

二〇一六年二月一七日と三月一三日にもアンカラでテロが発生した。この二度のテロの犯行はPKK関連組織のクルディスタン自由の鷹（TAK）のメンバーによるものであっ

2015年10月10日に起きたテロの現場近く

た。二月のテロは、イスメト・イノニュ通りの軍関連施設と官庁街の近くで発生した。軍関係者だけでなく、一般市民にも犠牲者が出た。このテロは九〇年代に発生したPKKのテロに近いものであった。つまり、軍関係者をメインターゲットとするものである。

その一方で、三月のテロは明らかに一般市民を対象とするものであった。三月一三日の午後六時三〇分のクズライのバスの停留所という一般市民がごった返す場所で起きたテロは二月のテロ以上の犠牲者を出した。夕方のクズライの停留所付近は大変混雑しており、そうした中で起こった卑劣なテロであった。

クルディスタン自由の鷹は都市部でのテロ活動を特徴とし、二〇〇五年に観光地であるクシャダシュ、二〇〇六年にマラティヤ、二〇一〇年にイスタンブール、そして二〇一五年一二月にイスタンブールのサビハギョクチェン空港でテロを実行している。さらに二〇一六年一二月一〇日、イスタンブールの中心部にあるプロサッカーチーム、ベシクタシュ・フットボールクラブのスタジアム周辺で起き、死者四八名を出した二度の爆破テロもクルディスタン自由の鷹によるものと言われている。

クルド人の自治を目指すPKK

ＰＫＫについてここで確認しておこう。トルコをはじめ、世界各国で非合法武装組織と認定されているＰＫＫは、一九八四年からトルコ政府と抗争を続けている。ＰＫＫは絶対的な指導者である党首のオジャランが一九九九年に逮捕されたにもかかわらず、その後も活動を続けている。

約四〇年にわたりトルコ政府と抗争を継続できているということは、その活動が一定の有効性を持っているとも言える。例えば、ＰＫＫは一九七七年に発足後、南東部でのクルド系の有力部族との抗争を経て、一九七九年には多くのメンバーがシリア、その後レバノンのベカー高原に逃れた。一九八四年に本格的にトルコ政府に対して攻撃を始めた後も、オジャランなど幹部はシリアに滞在していた。オジャラン逮捕後も、現場でPKKを統率しているジェミル・バユクやムラト・カラユランなどは常にシリアやイラクなど、隣国に滞在して指揮を執っているため、トルコ軍としても拘束もしくは攻撃することが非常に困難である。

また、PKKの党首オジャランはその目標をより現実的に実行可能と彼が考えるものに変化させてきた。オジャランはPKKを立ち上げた当初から一九九〇年代初頭まではイラク、イラン、シリア、トルコに分断されたクルド人居住区を統一し、国家建設することを目的としていた。しかし、一九九〇年代初頭にトルコ政府のPKKに対する攻撃が激しさを増すと、オジャランはまず、トルコ政府と停戦を模索し、長期の停戦が失敗に終わると、一九九五年にその目的を民主的な自治を行う独立した政体の立ち上げと階級がない社会の実現に変更した。その後、オジャランはクルド人国家の建設を諦め、主権国家とは異なるトランスナショナルな自治という政体を模索するようになっていた。

このトランスナショナルな自治に基づく連邦化を具体化したのが、二〇〇五年に設立されたクルディスタン共同体同盟（KCK）である。クルディスタン共同体同盟は扇の要であると考えられ、その傘下にPKK（トルコ）、民主統一党（PYD）（シリア）、クルディスタン自由生活党（PJAK）（イラン）、クルディスタン民主的解決党（PDCK）（イラク）が設置されている。シリア内戦以降、特にPYDが対ISの有効な対抗組織として注目され、欧米からの援助を受けたが、PYDをPKKの組織の一部と認識しているトルコ政府は、この欧米の対応に不満を募らせた。

駐アンカラ・ロシア大使殺害事件

二〇一六年一二月一九日、アンカラの美術館、チャーダシュ・サナット・センターでロシアのカルロフ駐トルコ大使が銃撃され、死亡するというショッキングな事件が起きた。カルロフ大使殺害の犯人は、トルコ西部のアイドゥン生まれの二二歳の警察官、メヴルット・メルト・アルトゥンタシュであった。アルトゥンタシュはトルコ第三の都市、イズミルの警察学校を卒業後、アンカラで二年半、機動隊員として職務に従事してきた。アルトゥンタシュは「アレッポを忘れるな、シリアを忘れるな。シリアの同胞が安全でない限り、お前たちも安全を享受できない」とトルコ語で叫んだあとカルロフ大使を銃撃している。アルトゥンタシュは銃撃後すぐに他の警察官によって射殺された。アルトゥンタシュは当日は非番であったにもかかわらず会場に出向いたため、当初から明確な殺意があったことは明らかであった。

なぜアルトゥンタシュがカルロフ大使殺害に至ったのか、その動機はISとの関連やギュレン運動との関連など、さまざまな憶測がなされたが、結局のところ不明確であった。アルトゥンタシュがシリアのアレッポへのロシア軍の介入とそれによる犠牲者および難民の増加に憤りを感じていたことだけははっきりしている。二〇二二年一〇月にカルロフ大使殺害に関わったとして五名が終身刑を宣告され、テロ組織に関連していたと政府関係者は話しているものの、その真相ははっきりしていない。

殺害事件が起きたチャーダシュ・サナット・センター

増えるデモ、クーデター、テロ

本章ではデモ、クーデター、そしてテロという視点からアンカラを概観してきた。首都であり、行政の中心でもあるアンカラはトルコの中でもこれらの動乱が多く起こっている県の一つであることに疑いの余地はない。一九五〇年代からこうした動乱は起きているが二〇一〇年代以降にその発生率は増えているように感じる。また、アンカラと同様にイスタンブールも二〇一〇年代に多くの事件を経験している。ゲズィ抗議はイスタンブールから始まったデモであり、二〇一〇年代半ばにはイスタンブールでもＩＳとＰＫＫ関連組織によるテロが起こった。

また、二〇一六年七月一五日クーデター未遂事件では、イスタンブール第二大橋で市民とクーデター未遂を支持する軍の一部が衝突し、多くの犠牲を出した。大都市の治安の維持は政権運営にとって最重要課題の一つである。今後はこうした事件が起こらないことを祈るばかりである。

第5章　外交と政策決定の中心地

トルコの地政学的特徴

この章ではトルコの外交に関してこの一〇〇年の経過についてアンカラを通してみていきたい。トルコはしばしば国際政治上で地政学的に重要だと言われる国家である。それでは、実際にトルコのどのような点が重要なのだろうか。第一に、トルコは、中東、南コーカサス、東欧、バルカン半島という多様な地域に陸続きで隣接している点である。第二に、黒海、マルマラ海、エーゲ海、東地中海に接しており、カスピ海ともそう遠く離れていない点である。黒海とエーゲ海を結ぶボスフォラス海峡とダーダネルス海峡の存在は特に重要である。第三に、潜在的なものも含め、中央アジア、アゼルバイジャン、イラクの石油・天然ガスの輸送ルートとして欠かせない点である。特にロシアを経由せずに、中央アジアやアゼルバイジャンとヨーロッパをつなぐ点は、多くの国にとって魅力である。第四に、チグリス川とユーフラテス川の上流に位置し、イラク、シリアの水資源をコントロールできる点である。第五に、アダナのインジルリク空軍基地をはじめとした北大西洋条約機構（以下、NATO）の施設を保有している点である。

冷戦時代はソ連、冷戦後はイラクやシリアといった、米国を中心とした国際社会が最も脅威を抱く国々と接しており、トルコは戦略上重要視されてきた。もちろん、その分のリ

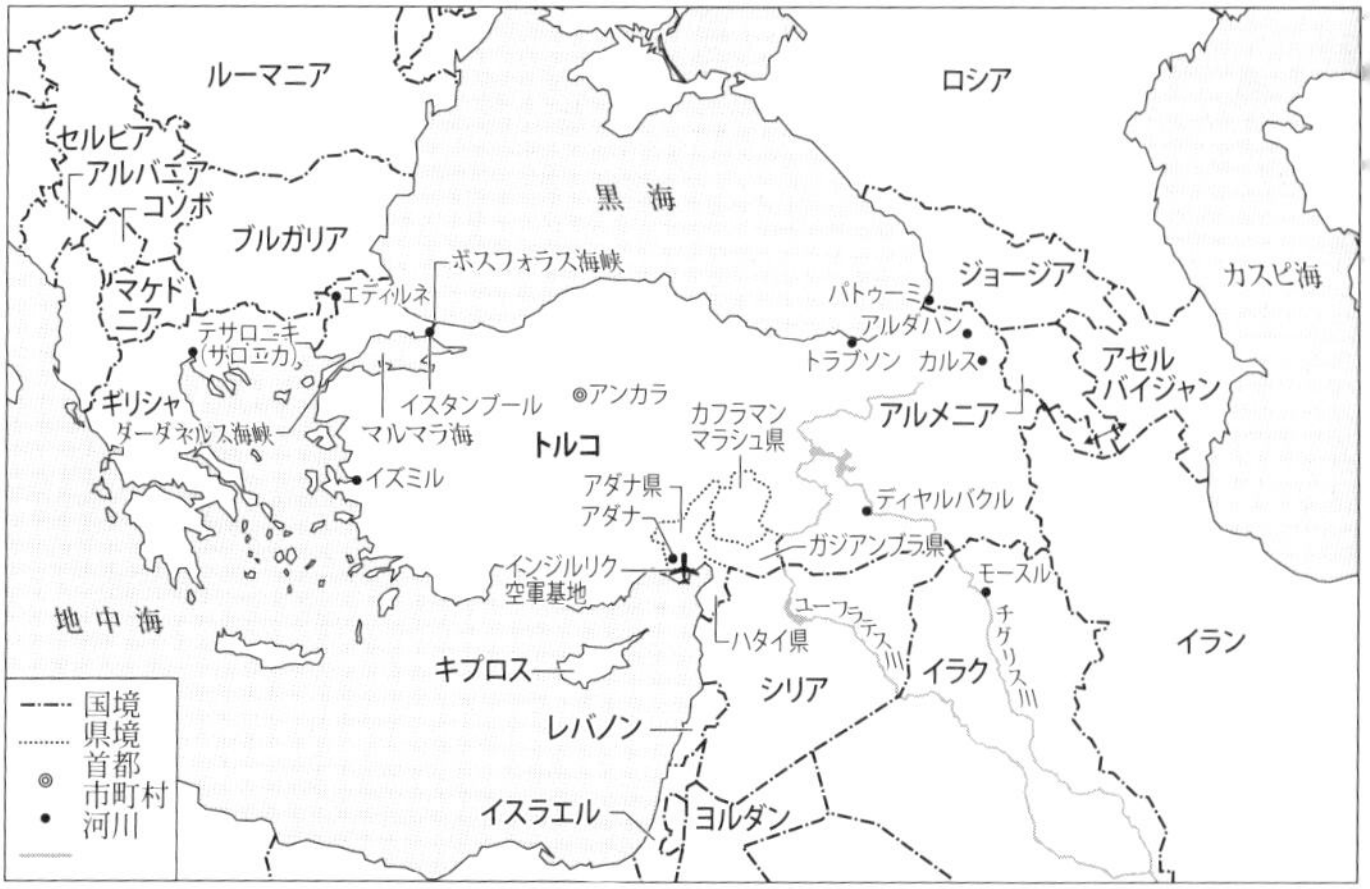

出典：今井宏平「トルコにおける地政学の展開：国家論と批判の狭間で」『境界研究』No. 6 (2016)、p.118

スクもある。例えば、シリアとは九一キロメートルの国境を共有していて、約三五〇万人の難民が流入しており、ＩＳが台頭した際は、外国人戦闘員のシリア渡航の主要なルートとなった。各地域の結節点となっているトルコは、人・物・金の流れに翻弄されやすい。もちろん、これらを遮断することもトルコは可能である。二〇一五年夏から二〇一六年春にかけての欧州難民危機は、トルコがシリア難民を受け入れ、難民のヨーロッパへの流れを遮断したことで終息した。外国人戦闘員の流入に対しても、関係各国と協力し、取り締まりを強化した。さらに二〇二二年二月末に勃発したロシアのウクライナ侵攻でもトルコは外交の最前線で両国間の仲介を行っている。

地政学的特徴に即した外交

最初に客観的にトルコの地政学的特徴を見てきた。それでは、次に地政学に即したトルコの外交について概観したい。トルコの外交政策の指針は地理的な位置とアイデンティティから形成されている。それらは、大きく①西洋重視、②中東・イスラーム圏重視、③トルコ民族主義重視、④オスマン帝国時代の遺産重視、⑤ロシア重視という五つに分類される。これらの外交指針はまさにトルコの地政学的特徴に即しているが、全てが等しく重視されているわけではなく、どの指針に重きを置くかは時の政策決定者たちの考え、言い換えれば彼らのアイデンティティの拠り所に左右される。

もう少し詳しく五つの指針を見ていこう。まず西洋化であるが、第1章でみてきたように、この指針はまぎれもなくトルコにおいて最も正統性の高いものであった。なぜなら、建国の父であるケマルが軸としたのが西洋化だったからである。ケマルは、トルコが近代化と文明化を達成し、西洋列強の支配から逃れるためには西洋化を進め、西洋諸国の仲間入りを果たす必要があると考えた。第二次世界大戦前、トルコにとって西洋は西欧と同義であったが、冷戦期になると、西洋は西欧だけでなく、米国を含む概念となった。トルコの西洋重視の具体的な成果が一九五二年のNATO加盟、一九九六年のEUとの関税同盟締結、そして二〇〇五年からのEU加盟交渉であった。

西洋重視と対極にあったのが中東重視の指針である。ケマルはイスラームを後進性の象徴とし、中東を含むイスラーム圏との関係に重きを置かなかった。また、トルコではアラブ諸国はオスマン帝国を崩壊させた裏切り者として評価されてきた。冷戦期において米国とソ連の緊張関係が弛緩したデタント期、そして冷戦後の時期は中東との関係が密接になった。しかし、明白に中東を重視する姿勢を見せ、西洋重視と並んで、中東を外交の軸に据えたのは公正発展党であった。

冷戦体制が崩壊し、旧ソ連地域において中央アジア、南コーカサスの国々が独立を果たすと、当時の大統領であったオザル、オザルの後任となったデミレルはテュルク系民族の連帯性を強調し、中央アジアや南コーカサスの諸国家と関係を深めようとした。この試みはトルコの経済力不足、中央アジアにおけるロシアの影響力の強さなどで必ずしもうまくいかなかったが、トルコにとってアゼルバイジャンは友好国であり、中央アジアに対しても一定の影響力は維持している。

オスマン帝国の遺産を重視する「新オスマン主義」もトルコ民族主義を重視する外交同様、オザルとデミレルの時代、つまり冷戦後に発現した。この時、トルコはバルカン半島の国々およびそこに住むムスリムを念頭にオスマン帝国の遺産、つまりトルコとバルカン半島の関係の深さを強調した。一方、同じく新オスマン主義を提唱するエルドアン率いる公正発展党はバルカン半島よりも中東をその対象としている。二〇一〇年代以降、トルコではオスマン帝国時代のトルコ語、いわゆるオスマン語を習得する人々が増えており、政府もそれを後押ししている。ロシア重視の政策は外交において反帝国主義の立場をとり、西洋よりもロシアとの同盟を最重要視するものである。

二〇一〇年代、公正発展党は中東と新オスマン主義を基軸とした外交を展開してきたが、最近はこれらに加えて、ロシアを重視する指針の比重も高まってきている。二〇一五年一一月二四日にトルコ軍によるロシア軍機撃墜事件が起き、両国の関係は悪化したが、二〇一六年六月末に関係を改善して以降、その関係は急速に強まった。

例えば、トルコ政府はNATO加盟国でありながら、ロシアの防空ミサイルシステムS-400の購入を決定した。そして、前述のように、ロシアのウクライナ侵攻を非難しつつ、ロシアを国際社会から孤立させることには反対し、両国間の仲介を行っている。また、中東に関しても二〇一七年六月のカタル断交の際のカタル擁護、さらに二〇二〇年代に入ってからのサウジアラビアとUAEとの関係強化に見られるように、対象範囲がこれまでの近隣諸国およびイスラエル、パレスチナ、エジプトに加え、湾岸地域および紅海へと拡大している。

外交機関としての外務省と移民局

（1）外務省

島国であり、海という自然の境界によって守られている日本とは異なり、大国や不安定国家を含む多くの国々と接しているトルコの外交は、指針はあるものの、全方位的で比重の置き方が変わりやすく、摑みづらい。しかし、それは複数地域の結節点であり、自身の地政学的特徴の長所と短所を知り尽くしたトルコの政策決定者たちによる地域および国際社会で生き抜くための極めて現実的な外交の実践であると言えよう。

トルコ外務省の正面玄関にある碑

こうした現実主義的なトルコの外交の舵取りの中心は長らく外務省であった。トルコ外務省はエスキシェヒル道の国立図書館とアルマダの間にある。向かいには財務省の建物がある。一昔前ではアンカラ大学政治学部が多くの外交官を輩出していた。現在ではアンカラ大学だけでなく、出身大学は多様になった。外務省の建物には外務省の各課だけでなく、外交官の教育を行う外交アカデミー、そして外務省傘下のシンクタンクである戦略研究所（SAM）が入っている。

二〇一八年五月に大統領制が採用されて以降、外交の政策決定の中心は外務省から大統領府に移ったと言われるように、ここ数年、外務省の存在感はやや低下しているというのが実情である。

（2）移民局

二〇一一年三月に勃発したシリア内戦の影響で同年四月以降、シリアから難民がトルコに流入した。未曽有の規模で難民が流入したことを受け、トルコ政府は二〇一三年に移民局を開局し、その活動を二〇一四年からスタートさせた。移民局は難民以外の外国人の滞在についても管理している（仕事の関係での滞在に関しては労働・社会安全省の管轄下）。移民局の本部はイェニマハッレにあり、トルコの七五県に支部が置かれている。

アンカラではカヴァクレデレのクールパークとヒルトンの間に支部がある。移民局は常に多くの人々でごった返しており、その周辺には外国人用の保険を売る店や居住許可の際に必要なファイルなどを売る店が散見される。二〇二三年七月時点でトルコに滞在する移民の数は約四八九万人で、このうち、シリア難民は約三四〇万人となっている。

アンカラ大学トルコ語・外国語適用研究センター（トメル）とトルコ・ドイツ専門能力発展プロジェクト協力によるシリア難民向けのトルコ語教育実施に関する告知

カヴァクレデレにある移民局

　また、トルコにはアフガニスタンからの難民・移民も多く、三〇万人以上が滞在していると言われている。それ以外にもイラク、パレスチナなど政情不安定な国々から難民・移民がトルコに流入している。アンカラにはトルコ全土で一〇番目の数となる約九万人が在住している。しかし、シリア人を街中で見かけることはあまりない。シリア人はアルトゥンダーなど特定の地域に住んでおり、移民局などに行かない限りそこまで目立っていない。時折、街中で物乞いやティッシュなどを売る人々を見るが、彼らが難民・移民なのかトルコ人なのか、日本人である我々には判断が難しい。

　一方でトルコ人の対シリア難民感情は、第4章でみたようにシリア難民の滞在が長くなるにつれ、嫌悪感が高まっている。タクシーの運転手などと話をしても「外国人は嫌いではないがシリア人は嫌いだ」という意見がよく聞かれる。もちろん、シリア人の同化も進められており、特に低年齢層はトルコ語を話せる人が多い。この背景には、シリア人の子供たちを対象としたトルコ語の授業がアンカラ大学のトメル（トルコ語を「外国語」として教える機関）や一部の学校で実施されていたことがある。また、教育省参加の団体が学校教育のためのシリア人向けの教科書を作成し、配布していた。コロナ禍以前はシリア人の子供はトルコ人の子供と別の学校に通っていたが、コロナ禍以降はトルコ人と同じ学校に通うようになっている。

欧米主要国の大使館が多いパリ通り周辺

首都であるアンカラには当然のことながら、各国の大使館がひしめいている。トルコの外交は建国以来、西洋化を基調とするものの、周辺各国、周辺地域、そして諸大国への全方位外交を実践してきた。ここではアンカラの大使館の場所などを通して、トルコ外交を紐解いていきたい。ただし、大使館に関してはセキュリティの関係で写真は撮影していない。

米国大使館は二〇二二年夏にそれまで慣れ親しんだクズライとカヴァクレデレの間の大使館を閉鎖し、公正発展党の本部ビルや大統領宮殿にほど近いソートズ方面のチュクランバルに移った。この動きは米国が大統領府や公正発展党の外交を重視していることを意味

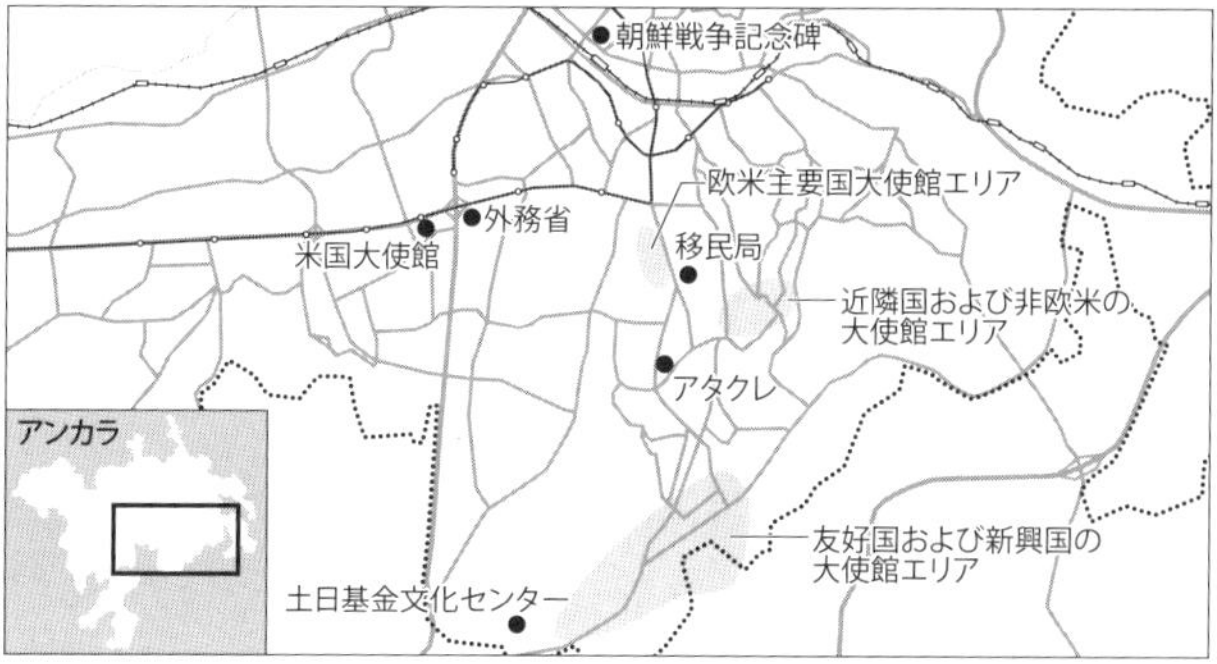

大使館エリア

する。また、近年は米国大使館を狙った事件が二度発生していた。一度目は二〇一三年二月一日にトルコでテロ組織に指定されている極左の革命人民解放党・戦線（DHKP-C）のメンバーが米国大使館の入り口で自爆テロを敢行し、トルコ人のスタッフ一名が亡くなった。二度目は二〇一八年八月二〇日の早朝に米国大使館に向けて重火器が発射された事件である。この事件による負傷者はいなかったが、改めて米国大使館の安全保障強化の必要性が検討された。

米国と同様にソートズ方面にベルギー大使館がある。メトロでコル行きに乗り、ソートズの隣の駅であるMTA（鉱物研究・探査機関）からすぐのビルの一角にある。ただし、ベルギー大使館はもう一つ、ガズィオスマンパシャにもある。ビザの手続きなどはソートズで行っているようである。

元々米国大使館があったクズライとカヴァクレデレ

の間、TBMMの裏手にあたる部分はアタテュルク大通りとパリ通りの入り口が交差する場所である。アタテュルク大通りとパリ通りのどちらにも多くの大使館がひしめき合っている。アタテュルク大通りをアタクレ方面に向かって進んでいくと、ドイツ大使館、イタリア大使館、ブルガリア大使館、エジプト大使館、ハンガリー大使館、セルビア大使館とつながっている。アタテュルク大通りを挟んだセルビア大使館の向かいが第4章で触れたクールパークである。一方、パリ通りをアタクレ方面に向かっていくと、ドイツ大使館、フランス大使館、そして韓国大使館を目にすることができる。ドイツ大使館はアタテュルク大通りとパリ通りにまたがっている。フランス大使館の近くにはクロワッサンを売るベーカリーもあり、この辺りは西洋の雰囲気が漂っている。

少し脱線すると、最近は大手のスーパーマーケットであるミグロスのパンコーナーでもクロワッサンを売るようになっている。また、最近は天然酵母のサワーブレッドやベーグルなども人気がでている。もちろん、伝統的なパンも人気である。トルコは第2章でも触れたエキメックというずんぐりむっくりしたフランスパンが一般的だが、朝食でよく食べられるゴマをまぶしたシミット、チーズ、オリーブ、じゃがいもを練りこんだしっとりしたパンであるアチマやポアチャも美味しい。トースト用のパンも売っているし、断食の時だけ売り出されるビデ、そしてインドのチャパティのような薄いパンであるユフカなどもある。ユフカはボレキと呼ばれるパイにも使用される。トルコでは二〇二三年七月現在、物価の上昇が止まらないがそれでもトルコ政府はパン（エキメック）の値段の上昇は抑えている。それだけパンはトルコ国民の生活に欠かせないものである。

ヨーロッパの国の中でもドイツとトルコの関係は深い。第二次世界大戦の際、トルコは中立を宣言し、一九四一年六月一八日に相互不可侵条約を締結したことは第3章で触れた。当時のトルコの政策決定過程に携わっていた人々の中に、外務大臣のメネメンジオールや統合参謀総長のフェヴズィ・チャクマックといった親ドイツ派の有力者がいた。アドリア海からシベリアや中国に至るトルコ民族の文化的連帯を重視するトゥラン主義者たちもゲルマン民族を重視するドイツを支持した。これは、トゥラン主義者たちが人種主義を提唱するヒトラーに共感したためであった。しかし、トルコは一九四四年に入り、ドイツが劣勢となると、次第に連合国に近づいていった。一九四二年二月には当時の駐アンカラ・ドイツ大使、フランツ・ヴォン・パペンとその妻が爆弾テロによって負傷している。

また、「ガスト・アルバイター」として、ドイツを中心に多くのトルコ人がヨーロッパに渡った。トルコ政府は一九六一年に西ドイツとガスト・アルバイターに関する政府間協定を結んだのを皮切りに、一九六四年にオーストリア、オランダ、ベルギー、一九六五年にフランス、一九六七年にスウェーデン、一九七一年にスイスと同様の協定を結んだ。一九七三年の時点で一五〇万人のトルコ人が一三カ国でガスト・アルバイターとして働いていた。一九六一年から一九七三年にかけて、ガスト・アルバイターとして西ヨーロッパに渡ったトルコ人の内訳は、西ドイツへ六四万八〇二九人、フランスへ四万五三六六人、オーストリアへ三万四四五九人、オランダへ二万三三五九人、ベルギーへ一万五三〇九人、スイスへ六三六〇人、デンマークへ三五七九人、英国へ二〇六二人となっている。

こうしてドイツに渡ったトルコ人の移民は、現在は三世代目に突入している。ドイツに行ったことがある人であれば、トルコ人街、もしくはトルコ人の労働者に遭遇したことがあるだろう。こうした移民の中からは世界的に有名な人物もいる。例えば、ベルリン映画祭、カンヌ映画祭、ヴェネチア映画祭という三大映画祭を三〇代で総なめにしたファティ・アキン、二〇一四年にサッカーワールドカップでドイツを世界一に導き、世界的に有名なレアル・マドリードやアーセナルといったクラブで活躍したメスット・エジル、二〇二二年のカタール・ワールドカップでの日本戦で得点を決め、やはり世界的に有名なマンチェスター・シティの主力として活躍したイルカイ・ギュンドアンなどはトルコからの移民である。

話をもとに戻そう。クールパークでアタテュルク大通りとパリ通りが交わり、アタテュルク大通りもアタテュルク大通りとジンナー通りに分かれる。アタクレに通じるジンナー通りには、スウェーデン大使館、カナダ大使館、リビア大使館、インド大使館がある。また、ジンナー通りをアタテュルク大通りとは逆方向に入っていくとロシア大使館、クロアチア大使館、ヨルダン大使館がある。この通りがジンナー通りなのは、一九七〇年に建築家でアンカラ大都市市長であったヴェダット・ダルコイがパキスタンで賞を受賞したのを記念して元々レシット通りだった名称を変更した。ただし、ジンナー通りにはパキスタン大使館はなく、前述のようにインド大使館があるところは興味深い。ジンナー通りと分かれたアタテュルク大通りにはポーランド大使館、ルーマニア大使館、スロヴァキア大使館、スイス大使館、イスラエル大使館がある。このように、アタテュルク大通り近辺には、ヨーロッパの大使館が多い。

近隣国および非欧米の大使館が集まるガズィオスマンパシャ

クールパークを挟んでアタテュルク大通りと平行に走るイラン通りにも大使館が多い。イラン通りを少し入ったヒルトンとシェラトンの間にはイラン大使館がある。また、大統領府の方向に上るとサウジアラビア大使館があり、その奥にイラク大使館やパキスタン大使館がある。ジンナー通り、アタテュルク大通り、そしてイラン通りは上りきるとチャンカヤ通りにぶつかる。チャンカヤ通りは、ガズィオスマンパシャと呼ばれる地域に入ると名称がウール・ムンジュ通りとなる。ウール・ムンジュはトルコの著名なジャーナリストで、一九九四年にテロリストによって暗殺されている。このチャンカヤ通りやウール・ムンジュ通り周辺にも大使館が多い。

チャンカヤ通りで旧大統領宮殿を挟んだ向かいには英国大使館がある。さらにウール・ムンジュ通りになると、ギリシャ大使館、ソマリア大使館、日本大使館、コソボ大使館、トルクメニスタン大使館、北マケドニア大使館、リトアニア大使館、ベルギー大使館、レバノン大使館、スーダン大使館、フィリピン大使館、タイ大使館、マレーシア大使館、ニジェール大使館、カメルーン大使館、オーストラリア大使館、チェコ大使館などがある。さらに、イエメン大使館、エストニア大使館、モロッコ大使館もガズィオスマンパシャにある。

このように、クールパーク付近からガズィオスマンパシャにいたるカヴァクレデレは大使館が多いエリアである。この地域には大使館以外の国際機関やシンクタンクも多い。ジンナー通りとロシア大使館のちょうど間に国連難民高等弁務官事務所（UNHCR）がある。オーストラリア大使館と同じビルには世界銀行、国際通貨基金（IMF）、EU、日本の国際協力機構（JICA）が入っている。シェラトンを大統領府方面に上る通りであるアルゼンチン通りを進むとパレスチナ通りにぶつかる。そのパレスチナ通り付近にアトランティック評議会がある。アンカラでは時折UNと書いた車が走っているがそれは国際連合のUNなのか、トルコ語で小麦粉を意味するUNなのか定かではない。

ユルドゥズ・オランは新興国と友好国の大使館

アタクレをさらに北に進むと、ユルドゥズという地域に出る。この辺りは丘になっているが、ディバンホテルのような五つ星ホテルもあり、美味しいケバブ屋もある。この地域にもウクライナ大使館、ウズベキスタン大使館、ノルウェー大使館、ハンガリー大使館、シンガポール大使館がある。さらにユルドゥズからコンヤ通りという大通りの方向、より中東工科大学などがある郊外に向かって進むとシリア大使館やオランダ大使館がある。

ユルドゥズをさらに先に進むと、オランがある。土日基金がある新興住宅地のオランには最近大使館が増えている。オランの大使館エリアは二つに大別できる。一つ目はテュラン・ギュネシュ通りの内側、ショッピングモールのパノラやトゥータワーズ、そして高級住宅地であるパークオランに近い地区にある大使館である。中国大使館、アゼルバイジャン大使館、カタル大使館、カザフスタン大使館、ジョージア大使館、モンゴル大使館、タジキスタン大使館、セネガル大使館、エチオピア大使館、チュニジア大使館、インドネシア大使館、パレスチナ大使館があり、国連の事務所、アラブ連盟事務所、テュルク・ソイ

オランのテュルク・ソイの建物

というテュルク系諸国の文化交流に関する国際組織もこの地域にある。覇権挑戦国と呼ばれる中国の大使館に加え、トルコとの友好関係が深いアゼルバイジャンやカタルの大使館が同地域にあるのは興味深い。

もう一つはテュラン・ギュネシュ通りの外側で、よりユルドゥズに近い地区である。ここには、クルグズスタン（キルギス）大使館、UAE大使館、アルバニア大使館、ガーナ大使館、タンザニア大使館、ブルキナファソ大使館、ザンビア大使館、ケニア大使館がある。この辺りは現在でも開発中の地域であり、トルコと二国間関係を取り結んだのが比較的最近であるアフリカ諸国の大使館が多い。

トルコと日本の関係

トルコと日本の関係についても確認しておこう。トルコと日本の関係というと、すぐにエルトゥールル号の事件が思い出されよう。エルトゥールル号事件とは、一八八九年にオスマン帝国のアブデュルハミト二世が日本に派遣した軍艦エルトゥールル号が和歌山県熊野灘で座礁し多くの死傷者を出した事件である。この際、現在の和歌山県東牟婁郡串本町の住民たちが懸命に救助を行ったことが知られている。また日露戦争において宿敵ロシアにアジアの小国であった日本が「勝利」したことをトルコが非常に喜んだという記述もガイドブックなどでよく見られる。

文化的な側面に注目すると、トルコではサッカーが一番人気のスポーツなのだが、三〇代から四〇代のトルコ人に日本のアニメである「キャプテン翼」を見て育ったという人が多い。トルコの衣料メーカーであるコットンでは最近、日本語を書いたTシャツが売られているが、街中で「若林源造」というTシャツを見てほっこりした。日本の漫画、アニメが人気なのは言うまでもない。第2章で触れたドストという本屋さんでも漫画コーナーの多くを日本の漫画が占めている。鬼滅の刃や呪術廻戦などの最近の漫画のトルコ語訳もある。また、村上春樹の小説も数多くトルコ語に翻訳され、最近は永井荷風など、古典的な文学の翻訳も刊行されている。

アンカラで日本語を習いたいトルコ人は、土日基金文化センターもしくはアンカラ大学のトメルのどちらかに通うことが多い。筆者もそうであったが、トルコ語を習得するため

ドストの漫画コーナー

にトメルに通う日本人は多い。土日基金文化センターは一九九二年に当時首相であったデミレルが日本を訪問した際に創設が決定、翌九三年三月に発足したトルコの公益法人である。土日基金文化センターには、国際交流基金から派遣された日本人の日本語教育の専門家が常駐している。また、結婚式場としても人気があり、週末は結婚式の予約で詰まっている。

またアンカラの街中には「日本市場」または「日本マーケット」と呼ばれる店が存在する。これらの店は特に日本のものを取り扱っているわけではないではないが、日本の製品の質が一般的に高いというイメージから商売が繁盛するようにこうした名前を付けているようだ。さらに二〇〇〇年代後半は日本のプレイステーションが非常に人気で、ほぼ全てのインターネットカフェにプレイステーションが設置されており、若者たちがサッカーゲームに興じていた。このように、トルコ人は一般的に日本に対して好意的な印象を持っている。

　これに加えて観光が重要な収入源であるトルコにとって日本人は不可欠なお客様であった。イスタンブールのトプカプ宮殿、アヤソフィア、グランド・バザールといった観光スポットは多くの日本人で溢れていた。ここで「過去形」にしたのは、コロナ禍以降、日本人観光客が戻っていないためである。以前は日本人観光客が多く見られた場所には現在、代わりに中国人観光客の姿が目立つ。トルコの観光業は大きく歴史的遺産観光とリゾート観光に大別できる。前者は日本人、韓国人、中国人、一部のヨーロッパ諸国の人々に人気である。後者はロシア人、ドイツ人、英国人などが多い。

　このように、トルコ人の日本人イメージは好意的であるが、それだけでトルコと日本の関係が非常に良いとは断言できないだろう。なぜなら、現在の関係は両国関係がそれほど強いものではなく、互いをあまりよく理解していないために成り立っている友好関係であるように感じるためである。その中で両国の共通の課題である地震関連の対策は両国を結び付けるうえで重要である。もちろん、日本のＪＩＣＡを中心にこの分野での協力はこれまでも密接であったが、引き続き進展させていくことで両国関係に明確な外交の柱ができるのではないか。二〇二四年はトルコと日本の外交関係樹立一〇〇年の年である。これまでの一〇〇年の関係で築き上げてきた友好の感情をより具体的なものにしていくことで両国関係はさらに発展するだろう。

トルコと韓国の関係

トルコと韓国の関係も日本と同様に深い。両国の二国間関係は一九五七年に始まったが、それより七年前から両国関係は実質的に始まっている。というのも、トルコは一九五〇年六月に始まった朝鮮戦争に出兵しているためである。なぜトルコは朝鮮戦争に軍隊を派兵したのか。それは当時、トルコがNATO加盟を目指していたからである。この点について詳しく見ていこう。

第二次世界大戦後、トルコにとって最大の脅威は隣接する大国、ソ連であった。トルコのソ連に対する脅威認識は一九四五年のトルコとソ連の間の中立・不可侵条約の継続に関する協議から高まりだした。両国は一九二五年に中立・不可侵条約を結んだが、当時大統領であった、イスメトを中心とするトルコ政府は、ヨシフ・スターリンが領土拡大の野心を隠していなかったため、その継続に後ろ向きであった。ソ連側は一九四五年六月七日に行われた協議において、①ソ連が一九二一年にトルコに譲渡したカルスとアルダハンの返却、②トルコ海峡（ダーダネルス海峡とボスポラス海峡）にソ連の基地を建設することへの同意、③両国間でトルコ海峡の通行に関して一九三六年に締結されたモントルー条約を刷新することに合意すべき、という要求を突きつけた。

トルコ政府はこれらの要求を拒んだが、同年一〇月にソ連がブルガリアに対して軍部を動員し、衛星国家化したことでより一層脅威認識を高め、西側に接近するようになった。トルコは一九四七年三月にトルコ、英国、エジプトによる東地中海の平和と安全保障のための条約締結を英国に打診するとともに同年八月にはこの地中海条約案に英国と米国が加わるべきであると主張した。しかし、両国はこの案に賛同しなかった。翌一九四八年にはギリシャが地中海条約の案をさらに発展させ、ギリシャ、トルコ、イタリア、全てのアラブ諸国を含む協商とすることを提唱した。しかし、中東戦争の勃発でアラブ諸国は地中海条約から切り離され、トルコ、ギリシャ、イタリアに超大国である米国を加える案も出されたが、結局失敗に終わった。

さらにその年の三月には、西ヨーロッパにおける経済的、社会的および文化的協力並びに集団的自衛のための条約、通称「ブリュッセル条約」が英国、フランス、ベルギー、ルクセンブルク、オランダの五カ国間で締結された。トルコはブリュッセル条約をトルコ、ギリシャ、イランに拡大させることを提案したが、米国はブリュッセル条約締結国に米国とカナダを加えた国々でNATOを結成することを発表した。当然トルコもNATOの原加盟国になることを希求したが、それは適わなかった。米国政府はトルコを欧州と中東の対ソ連防衛で重要な国と考えていたが、英国政府はあくまでトルコは中東の対ソ防衛で重要な国と考え、トルコが欧州の防衛機構であるNATOに入ることに疑問を呈していた。

こうした状況は朝鮮戦争の勃発によって変化する。NATOに加盟したいトルコは、これを絶好の機会と見なし、当時のメンデレス政権は七月一八日に米国軍に次ぐ四五〇〇人もの兵士を韓国に派兵することを決定した。トルコはこの派兵により、九六六名の死者（韓国、米国に次いで三番目の多さ）、二三六五名の負傷者を出したが、トルコの朝鮮戦争における貢献は確実にトルコのNATO加盟を前進させた。朝鮮戦争には、統合参謀総長として一九八〇年九月一二日クーデターを牽引し、その後大統領に就任したエヴレンも参加していた。そして、一九五一年九月二一日の北大西洋理事会でトルコとギリシャのNATOへの加盟が承認された。そして、翌一九五二年二月一八日にトルコは正式にNATOに加盟した。

もちろん、朝鮮戦争でトルコが得たものはNATO加盟だけではなかった。共に戦争で血を流したことで韓国との絆が深まった。朝鮮戦争以後、一九五七年から正式な外交関係が始まり、軍関係者の相互交流や韓国企業の進出が見られた。二〇一〇年代になってその流れは加速する。両国は二〇一二年に戦略的パートナーシップを結び、さらに二〇一三年にFTA（自由貿易協定）を結んでいる。この両国関係を象徴するのがアンカラのウルス

朝鮮戦争で戦ったトルコ人たちの記念碑

朝鮮戦争の戦死者名が刻まれている

とアクキョプルの間、鉄道のアンカラ駅近くにある「朝鮮で戦ったトルコ人たちの記念碑」である。この記念碑にはトルコと韓国の両方の旗が掲げられている。そして、記念碑には韓国で戦死したトルコ人全員の名前が刻まれている。

トルコと中国の関係

日本、韓国ときたので、中国とトルコの関係にも概観しておきたい。トルコと中国の関係の歴史は意外と浅い。一九七〇年代前半の米中和解以後、両国は外交関係をスタートさせたが、その関係は希薄であった。両国の関係が近くなり、政府高官の往来が激しくなるのは、二〇一〇年前後からであった。中国は現在、世界第二位の経済大国であるが、トルコと中国の関係も経済および貿易が中心であり、政治分野での協調は限定的である。中国はトルコの貿易量で三番目の国であり、トルコにとっては非常に重要な貿易相手である。二〇〇〇年と二〇一二年の輸出と輸入を比較すると、輸出は約三〇倍、輸入は約一六倍に増えている。ただし、貿易の差額が示すように、トルコと中国の貿易は圧倒的に中国有利の状況となっている。

また、トルコは「一帯一路」構想の中核プロジェクトの一つであるアジアインフラ投資銀行（AIIB）の参加国としても名を連ねている。一帯一路への参加は、トルコ政府が

図1　トルコの対中国の貿易関係（10億ドル）

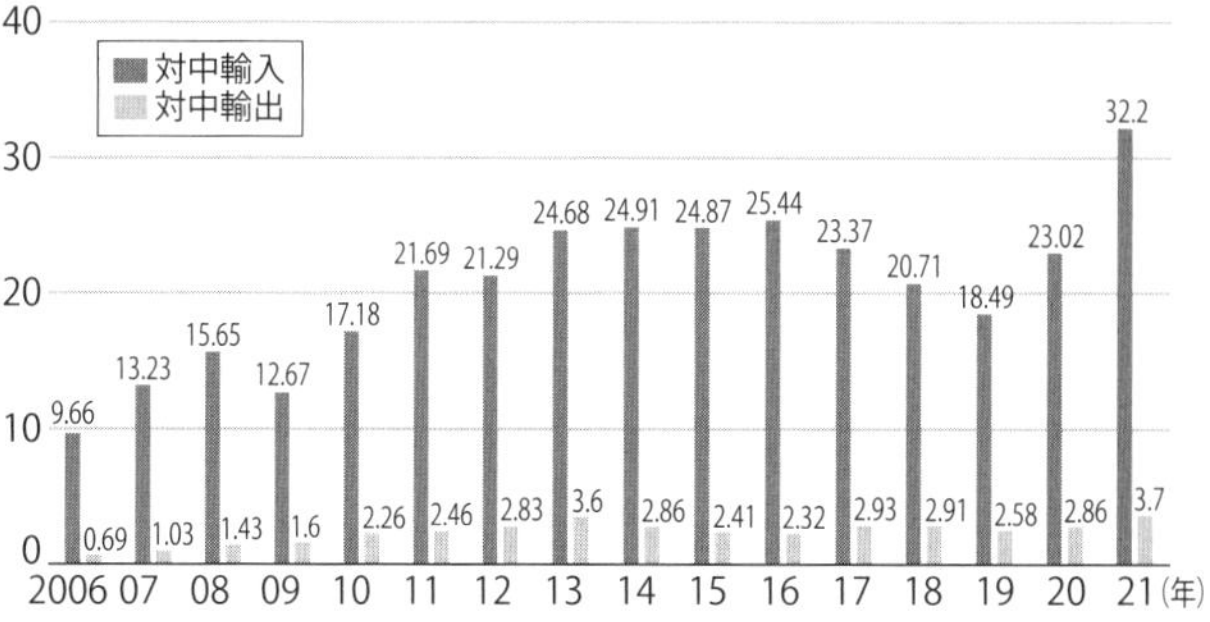

出所：トルコ統計局「対外貿易」およびトルコ外務省の「トルコ・中国の経済関係」

進めるカスピ海と中央アジアを経由する形でヨーロッパと中国をつなぐ鉄道を中心とした輸送経路「カスピ海横断東西中廊イニシアティブ（Trans-Caspian East-West-Middle Corridor Initiative、通称ミドル・コリドー）」プロジェクトとも親和性がある。アゼルバイジャンのバクー、ジョージアのトビリシ、トルコのカルスを結ぶ鉄道はすでに二〇一七年一〇月に開通しており、この鉄道を中国まで進める計画が練られている。

一方で、両国の間の最大の政治問題は、いわゆるウイグル問題である。中国の新疆には、民族的にトルコ人に近いと言われる、約一〇〇〇万人のテュルク系ウイグル族が住んでいる。しかし、漢民族が中心の中国では、異民族であるウイグル族に対して常に厳しい対応が採られてきた。ウイグル族の民族旗を見たことがあるだろうか。水色の中に白地の三日月と星がデザインされたものであるが、これはトルコ共和国の国旗と色が違うだけである（トルコ国旗は赤地）。この民族旗からも、ウイグル族の人々とトルコの親和性を感じ取ることができる。トルコ国内でもカイセリやイスタンブールに多くのウイグル族が住んでいる。トルコ民衆の間でも「同族」であるウイグル族に対して同情的な意見が強く、中国のウイグル族に対する対応に反発を感じる人も多い。

トルコ政府もこの点を考慮し、中国との関係強化を目指しつつもウイグル族に対する配慮も忘れていない。例えば、前大統領のギュルや現大統領のエルドアンは、過去の中国訪問に際して最初に新疆ウイグル自治区を訪れている。

また、数年に一度、トルコにおいてウイグル族の現状に対する不満が顕在化することがある。例えば、二〇〇九年七月五日に新疆ウイグル自治区のウルムチで起こったウイグル族と漢民族の間の騒乱に対して、トルコ政府も野党も次々と声明を発表した。エルドアンは、首相であった当時、「我々は中国で起こった騒乱を憂慮し、悲しく思っている」と述べ、さらに国連非常任理事国（当時）としてこの問題を安全保障理事会の議題として扱うよう要請する可能性も示唆した。また、ナショナリスト政党として知られる民族主義者行動党の党首バフチェリは、駐中国大使を召還しない政府の対応を批判した。

二〇一五年七月には、中国国内でのラマダン（イスラーム教の断食）を許可しない中国政府の姿勢に反発してトルコで暴動が起き、イスタンブールで二軒の中国料理店が破壊されたり、中国人と間違えられた韓国人が襲撃を受けて負傷したり、アンカラの中国大使館前で反対運動が起きたりするなどの被害が出た。

二〇二〇年初頭からのコロナ危機はトルコと中国の関係を後押しした。トルコでも二〇二〇年二月からコロナ患者が増加し始めたことで、他国と同様、リクチンにその活路を求めた。トルコでは、ファイザー／ビオンテック共同開発のBNT162b2、ロシアのガマレア研究所のSputnik V、中国のシノバックのCoronaVacが使用されたが、この中で特にその関係が目立ったのは中国であった。トルコのファーレッティン・コジャ保健大臣は二〇二〇年一一月に中国から五〇〇〇万回分のワクチンを購入することを明言し、さらに二〇二三年五月末までに一億回のワクチンを購入すると発表した。しかし、実際には三一〇〇万回分のワクチンしか到着しなかったとも言われている。いずれにせよ、日本と韓国がトルコと歴史的な協力関係を築いてきたのに対し、中国はウイグル問題という火種を抱えながらも近年、トルコとの関係を深めている。

アンカラに欠けているもの、それは「海」

ここまで五つの章でアンカラを通してトルコ共和国の一〇〇年を振り返ってきた。また、新しい首都としてのアンカラの発展や変容、その町の風景にスポットを当ててきた。アンカラについて検討すると、イスタンブールとの比較は避けられない。イスタンブールにあってアンカラにないもの、それは何よりもまず歴史である。アンカラは首都としてそうした歴史を現在進行形で作りつつあると言える。しかし、歴史以外にもイスタンブールにあってアンカラになく、アンカラが絶対に手に入れられないものがある。それが「海」である。

トルコ人は海が好きである。夏のバカンスではお金に余裕がある人たちは必ずと言っていいほど海に繰り出す。それはエーゲ海や地中海がほとんどだが、マルマラ海や黒海も魚介類が豊富であり、海のある風景をトルコ人は好む。アンカラにはその海がない。海は外交においても大きな役割を果たしてきた。特にボスポラス海峡とダーダネルス海峡はオスマン帝国時代からトルコ共和国に至るまで一貫して重要である。ここでは苦渋の決断だが、アンカラにはない海に関して、とりわけボスポラス海峡とダーダネルス海峡の意義について論じておきたい。

一九三六年七月二〇日に締結されたモントルー条約の前文において、トルコ海峡（文書では端に海峡と書かれている）とは、ボスポラス海峡、ダーダネルス海峡、そして両海峡に挟まれた内海であるマルマラ海を包括する名称とされた。黒海との玄関口に当たるボスポ

ボアジチ大学近くのベベックのカフェから見たボスポラス海峡

ラス海峡は全長が二九キロメートルで、最も幅が広い箇所が三五〇〇メートル、最も幅が狭い箇所が七六〇メートル、一方、エーゲ海への出口であるダーダネルス海峡は全長が六二キロメートルで、最も幅が広い箇所が八二七五メートル、最も幅が狭い箇所が一三七五メートルとなっている。

ボスポラス海峡の最も幅の狭い場所はヨーロッパ側のルメリ・ヒサールとアジア側のアナトリア・ヒサールの間であり、第二ボスポラス大橋（スルタン・メフメット大橋）に近い場所である。ルメリ・ヒサールをさらに上に上ると、トルコの名門国立大学、ボアジチ大学にたどり着く。ボアジチとはトルコ語で咽喉を意味する言葉で、ボスポラス海峡の狭く長い様を比喩している。ボアジチ大学からはボスポラス海峡を一望できる。ボアジチ大学の丘にはこの景観の良さに惹かれたカップルが多い。

ボスポラス海峡とダーダネルス海峡という呼び名は、古代ギリシャ語に由来している。トルコ語ではボスポラス海峡をイスタンブール海峡（İstanbul Boğazı）、ダーダネルス海峡をチャナッカレ海峡（Çanakkale Boğazı）と呼ぶ。チャナッカレはダーダネルス海峡のエーゲ海への出口近くの最も幅が狭い場所の地名である。ボスポラス海峡とダーダネルス海峡の呼び名に関しては、元イスタンブール総領事であった武田龍夫の著書に詳しく記されている。それによると、ボスポラスとは「牛の渡る瀬」の意味でギリシャ神話からきており、ダーダネルスはギリシャの古代都市ダルダノスから来ているという。また、マルマラ海は、ギリシャ神話でヘレという女性がゼウスの生贄にされかけたところを空飛ぶ金毛の羊に乗って逃れる途中、その羊から落ちて溺死したヘレスポントス海にあたる。

ロシアとの関係

トルコ海峡を語るうえで欠かせないのはロシアとの関係である。ロシアの南下政策の主要な対象がトルコ海峡であった。トルコに関して多くの著書がある元イスタンブール総領事である松谷浩尚は、ロシアの南下政策には、①カスピ海からイランを通り、ペルシャ湾に抜けるルート、②バルカン半島を通り、エーゲ海もしくは地中海に抜けるルート、③黒海からトルコ海峡を通り、エーゲ海もしくは地中海に抜けるルート、という三つの航路があったと指摘している。

続けた。ロシアはピョートル大帝が登場して以降、冬でも凍らない港、不凍港を目指して南進を続けた。ロシアがとりわけ力を入れたのが、③の黒海を経由するルートである。ロシアは一六九六年の第二回目のアゾフの攻撃によって黒海の北岸を占領し、黒海をはさんでオスマン帝国と対峙することとなった。③の黒海を抜けるルートは、①と②のルートとは異なり、ロシア軍にとって黒海に配備した艦隊を外海に出すうえで重要であった。また、国際的な交易の中心地の一つであったイスタンブールを押さえることができれば、ロシアの貿易は飛躍的に拡大すると考えられた。ロシアの黒海進出以降、両国は一〇〇年以上に渡り、六回もの戦争を繰り広げた。

ロシアの南下政策は二〇世紀になっても継続した。ただし、両国は二〇世紀の前半にロシア革命によるソ連の誕生、そしてオスマン帝国の崩壊によるトルコ共和国の誕生という体制の変化を経験した。社会主義革命を経験したソ連は、当初、革命の輸出を恐れる他国と外交関係を構築できなかった。一方のトルコ共和国も建国直後、欧米列強と緊張関係にあった。こうして、他国との関係が微妙であった両国の思惑が一致し、ソ連とトルコは一九二五年に中立・不可侵条約を結び、外交関係を築いた。しかし、ソ連が第二次世界大戦を通して大国の地位を獲得すると、第二次世界大戦の末期からトルコ海峡を目指す野心を強く見せ始めたのは先述の通りである。

モントルー条約

トルコ海峡の支配に関して、先述の松谷による本では以下の五つの時期に区分している。一七七四年から一八三三年までは、トルコとロシアとの二国間条約によるトルコの海峡支配の時期、一八三三年から一八四〇年までは、ロシアが優先的にトルコ海峡を通過できた時期、一八四〇年から一九一八年までは、多国間条約に基づくトルコの海峡支配の時期、一九一八年から一九三六年までは、トルコがトルコ海峡の主権を喪失した時期、一九三六年から現在までは、トルコによるトルコ海峡の支配の時期、となっている。基本的には、トルコとロシアによる主導権争いで、黒海を支配した方がトルコ海峡の支配も手にしてきた。しかし、一九三六年のモントルー条約締結以降は、黒海の支配に関係なく、トルコが海峡をコントロールできるようになった。

モントルー条約は、平時および戦時における商船、軍艦、航空機のトルコ海峡の通過と航行に関する規定である。その概要は以下の通りである。平時において、商船はトルコ海峡を自由に通過・航行することが可能である（第二条）。戦時において、トルコが交戦状態にない場合、商船は国旗および積み荷の如何を問わず、自由にトルコ海峡を通過・航行することが可能である（第四条）。戦時において、トルコが交戦状態にある場合、中立国の商船は敵を援助しないことを条件に、自由にトルコ海峡を通過・航行することが可能である。ただし、昼間にトルコ海峡に入り、通過はトルコが指定する航路に基づく（第五条）。

平時において、軍艦は黒海沿岸国が主力艦、航空母艦、軽水上艦、戦闘用小艦船、補助艦船、潜水艦、それ以外の国々では軽水上艦、戦闘用小艦船、補助艦船が、トルコ海峡を自由に通過することが可能である（第十条）。戦時において、トルコが交戦状態にない場合、全ての交戦国の軍艦に対してトルコ海峡の通過は禁止される。一方、中立国の軍艦は平時と同様、トルコ海峡を自由に通過することが可能である（第十九条）。戦時において、トルコが交戦状態にある場合、平時における軍艦のトルコ海峡の通過に関する規定は適用されず、その通過はトルコ政府の裁量に委ねられる（第二十条）。

モントルー条約の効力は二〇年間であったが、その後延長され、今日に至っている。トルコは前述のように一九五二年の第一次拡大でＮＡＴＯに加盟しているが、ソ連と陸続きで接していること、そしてソ連の黒海艦隊が地中海に抜けるルートであるトルコ海峡をコントロールしていることから米ソ冷戦期において、とりわけ西側諸国から重要視された。

冷戦後の時期においてもロシアと関連する出来事でモントルー条約に焦点が当たることが

あった。

例えば、二〇〇八年八月に起きたジョージア紛争に際しては、NATO諸国（米国）の軍艦が黒海に入ったことでロシアはトルコに対し抗議している。また、シリア内戦においては二〇一五年一二月にミサイルを搭載したロシア軍艦がトルコ海峡を通過したとして、トルコの外務省が駐アンカラ・ロシア大使に抗議している。ロシアはシリアのタルトゥースに海軍基地を持っているが、黒海艦隊がタルトゥースの基地に寄港するには必ずトルコ海峡を通る必要がある。そして、ロシアのウクライナ侵攻後の二〇二二年七月には国連とトルコがロシアとウクライナを説得する形でウクライナの小麦の輸出を可能にする穀物合意が実現した。穀物合意の調整センターはイスタンブールに設置され、何度か延長が繰り返され、継続した。しかし、ロシアは二〇二三年七月一七日に合意の約束が守られていないとして穀物合意からの離脱を宣言した。

日本とトルコ海峡の関係

日本とトルコ海峡の関係も深い。その関係は一九六〇年代までさかのぼる。日本はまず、政府の肝いりとして一九六九年に第一ボスポラス大橋の入札に参加した。この時、落札できなかったものの、日本は第一ボスポラス大橋の建設に拠出参加するとともに、金閣湾の

殉教者の橋

スルタン・メフメット大橋

ゴールデンホーン橋の建設を請け負った。これに加え、一九六八年の議員連盟の訪土によって両国間の関係強化の熱が高まった。こうしたトルコとの関係強化が結実したのが、一九八五年四月の第二ボスポラス大橋の日本企業を中心としたコンソーシアムによる落札とその建設であった。

日本の企業がボスポラス海峡の交通に貢献した事例がもう一つある。それは、ボスポラス海峡横断地下鉄、通称マルマライの建設である。ボスポラス海峡の地下鉄建設は、オスマン帝国時代からの悲願と言われていた。マルマライの建設を落札したのは大成建設であった。大成建設は二〇〇〇年から工事に着手し、最終的に二〇一三年一〇月二九日のトルコ共和国建国九〇周年に開通、式典にはエルドアン首相（当時）やギュル大統領（当時）をはじめとした多くの主要閣僚、日本からは安倍首相（当時）が参加した。当初はもっと早い完成を予定していたがボスポラス海峡の地下から多くの出土品が発見されたため、作業が三年ほど遅れたということである。

本章では、トルコの地政学的特徴とその特徴に沿った外交について見たうえで、アンカラの大使館とトルコと日本、韓国、中国との関係を概観した。そして、アンカラにはない海、特にボスポラス海峡とダーダネルス海峡の役割についても触れた。一九一頁の地図で見たように、アンカラの大使館街は比較的きれいに三つの地域に分かれている。米国大使館の移動が呼び水となり、今後ソートドズに他の大使館も移動していくのか注目している。

　東アジアとトルコの関係も深い。近年は特に韓国がブームである。アンカラにも韓国料理のレストランが増えており、トルコ人にも人気である。また、ドラッグストアーには韓国の美容マスクが並び、トルコ人の多くが韓国ドラマやＫ-ＰＯＰに夢中になっている。中東工科大学の大学院には二〇一〇年代前半にアジア研究科が設置されたが、教授陣に話を聞いたところ、韓国を専攻する学生が圧倒的に多いということである。もちろん、日本のアニメも人気でドストの漫画・アニメコーナーに足を止めるトルコ人も多かった。中国とトルコはウイグル族の問題があるので、日本や韓国のように、トルコ人の多くがもろ手を挙げてその関係強化を歓迎する状況となることは考えにくい。とはいえ、超大国化しつつある中国とトルコが今後、どのような関係を構築していくかは見ものである。

　本書はアンカラからトルコの建国一〇〇年を概観するもので、「はじめに」でも書いたようにイスタンブールが「仮想敵」であった。しかし、最後の最後でイスタンブールに屈し、ボスポラス海峡とダーダネルス海峡について概観した。黒海と地中海をつなぐボスポラス海峡とダーダネルス海峡は、ロシアのウクライナ侵攻で再度大きな注目を浴びている。外交の決定はアンカラで決められるが、「現場」としてのイスタンブールの存在は大きい。

おわりに

本書ではトルコの首都であるアンカラの変化を中心にトルコの現状、およびトルコ共和国の変容について理解を深めてきた。トルコはしばしば新興国と分類されることが多い。先進国ではないが、途上国でもない。また、現状、若者人口が多く、防衛産業のように伸びつつある産業もある。さらに国土も日本の約二倍の七八万平方キロメートルと広く、農作物や畜産も盛んであり、市場やスーパーには多くの野菜が並ぶ。もちろん、古くはヒッタイト、そしてトルコ共和国の前身とも言えるオスマン帝国の素晴らしい歴史があり、観光大国として名を馳せている。加えて、最近は大統領であるエルドアンの存在感もあり、ニュースや新聞でもトルコが取り上げられることが多くなっている。

しかし、その一方で建国一〇〇年の節目を迎えるトルコがどのように発展してきたのか、また、日常生活などではガイドブックやＹｏｕＴｕｂｅなどで断片的に見ることができるが、日本語でまとまって論じたものは少ない。筆者は二〇一七年に中央公論新社から『トルコ現代史』という新書を出版する幸運に恵まれたが、『トルコ現代史』は通史ということでより歴史の流れを意識した。それに対し、本書は多くの写真や地図を通じて、より臨場感のある形でトルコ共和国の歴史と現状を摑むことを目指した。筆者が念頭に置いたのは、一九八〇年代から二〇〇〇年代にかけてのトルコの様子を叙述した、長場紘『イスタンブル――歴史と現代の光と影』（慶應義塾大学出版会、二〇〇五年）、ジョン・フリーリ『イスタンブール――三つの顔をもつ帝都』（鈴木董監修、長縄忠訳、NTT出版、二〇〇五年）、大島直政『トルコ歴史紀行：文明の十字路・4000年のドラマ』（自由国民社、一九八六年）、内藤正典『トルコのものさし日本のものさし』（筑摩書房、一九九四年）と『絨毯屋が飛んできた――トルコの社会誌』（筑摩書房、一九九八年）、澁澤幸子『イスタンブール、時はゆるやかに』（新潮文庫、一九九七年）と『だから、イスタンブールはおもしろい――歴史的多民族都市の実感的考察』（藤原書店、二〇〇九年）、そして二〇二〇年代に入って出版された宮下遼『物語 イスタンブールの歴史――「世界帝都」の1600年』（中公新書、二〇二一年）といった書物であった。

もちろん、これらの著書との違いもある。「はじめに」でも述べたように、トルコの都市でこれまで取り上げられてきたのは多くの場合、イスタンブールであった。しかし、本書はアンカラに焦点を当てた。トルコ一〇〇周年の記念の年は、アンカラが首都になって一〇〇周年でもある。確かにイスタンブールは魅力的であるが、トルコ共和国を象徴する都市というとやはりアンカラを真っ先に取り上げるべきだろう。こうしたコンセプトの著書はトルコ語でも英語でもほとんどない。つまり、観光ガイド、そしてアンカラの都市や食堂に焦点を当てた書籍はあるものの、本書が世界に先立つ総合的なアンカラ本ということになろう。ただし本書はアンカラの中心、チャンカヤとアルトゥンダーに焦点をあてており、それ以外の地域はカバーしきれていない。また、アンカラの事象からトルコ一〇〇年の全てをとらえられるわけではない。そうした限界はあるものの、読者の皆様に少しでもアンカラの魅力を届けられ、かつトルコ共和国の理解に本書が役立てば望外の喜びである。なお、本書の写真は、断りがない限り、全て筆者が撮影したものである。

本書の刊行に関して、平凡社の平井瑛子氏にひとかたならぬお世話になった。平井氏からトルコ一〇〇周年に合わせた新書の企画の話を頂いた際、以前から温めていたアンカラを中心に論じる案を提案させてもらった。ちょうど勤務先の日本貿易振興機構アジア経済研究所の海外派遣制度を使用し、二〇二二年八月からアンカラの中東工科大学で在外研究を行う予定であったことも本書を執筆するうえで有益であった。とはいえ、作業が思ったように進まない中でも辛抱強く原稿を待ってくださった平井氏には感謝の言葉もない。また、写真の使用の許可を頂いたイスメトの娘、オズデンさんおよびイノニュ基金（İnönü

Vakfı）のご厚意にもお礼を申し上げたい。もちろん、この本の執筆にはこれまでの拙著同様、勤務先のアジア経済研究所の皆さん、指導を頂いている先生方、国内外の研究者の先輩、後輩、友人たち、家族の支えがあった。筆者がトルコを研究対象と定めてから二〇年が経過した。本書をこの二〇年の間にトルコの研究を進めるうえでお世話になった方々に捧げたい。

星空がきれいなアンカラのビルケントにて

二〇二三年七月　今井宏平

関連年表

年号（西暦）	トルコ国内および首都アンカラにおける主な出来事	世界での主な出来事
1922	8月30日、ムスタファ・ケマル率いるトルコ軍がギリシャ軍に勝利する	
1923	10月29日、ケマルが共和制を宣言し、大統領に選出 トルコ共和国の成立	7月、ローザンヌ会議
1924	3月、大国民議会でカリフ制の廃止が決定 11月、新憲法「一九二四年憲法」の発布	
1925	2月、トルコ東南部のディヤルバクルでシェイフ・サイドの反乱が起こる 12月、ソ連と中立・不可侵条約を結ぶ	
1926	6月、イズミル訪問を予定していたケマルの暗殺計画が明らかになる（イズミル事件）	
1927	10月、ケマルによる一連の革命の総括が行われる	
1928	4月、イスラム国教条項が憲法から削除され、国教ではなくなる アルファベット表記のトルコ語の使用を義務化する「文字改革」が実施される	
1929		世界恐慌

1930		1～4月、ロンドン海軍軍縮会議
1931	5月10日、第五回共和国人民党大会で「六本の矢」が承認	1月、ロンドン軍縮会議 9月、満州事変
1932		ウクライナでホロドモール
1933	この頃からゲジェコンドゥが出現するようになる	
1934	ケマルに「アタテュルク（父なるトルコ人）」の称号が与えられる 2月、トルコ、ギリシャ、ルーマニア、ユーゴスラビアの間でバルカン協商が締結される	
1935		5月、ニュルンベルク法制定
1936	7月、モントルー条約を締結、ボスポラス海峡とダーダネルス海峡の主権回復に成功	スペイン内戦
1937	2月5日、「六本の矢」が「一九二四年憲法」の第二条として条文化 7月、トルコ、イラン、イラク、アフガニスタンとの間でサーダバード条約を結ぶ 9月、イスメトが首相を解任され、後任にバヤルが任命	7月、日中戦争 11月、日独伊三国防共協定
1938	11月10日、ケマル死去。享年57。イスメトが第二代大統領に就任	9月、ミュンヘン会談
1939	10月、英国およびフランスと相互援助条約を結ぶ	9月、第二次世界大戦始まる
1940		9月、日独伊三国同盟
1941	3月、米国と武器支援・技術援助に関する協力協定を締結	6月、独ソ開戦

	6月18日、トルコ・ドイツ不可侵条約締結	12月8日、真珠湾攻撃、太平洋戦争始まる
1942		6月、ミッドウェー海戦 8月、ドイツ軍、スターリングラードに突入
1943		1月、カサブランカ会談 11月、カイロ会談、テヘラン会談
1944		6月、ノルマンディー上陸作戦 7月、ブレトン＝ウッズ会議
1945	8月2日、中立の立場を放棄し、正式に連合国の一員に 11月1日、イスメトが複数政党制への移行を認める	2月、ヤルタ会談 6月、サンフランシスコ国際連合会議 7月、ポツダム宣言 8月6日・9日、広島・長崎に原子爆弾が投下される 10月、国際連合成立
1946	1月7日、メンデレスやバヤルを中心に民主党が設立される	
1947	5月、米国のトルーマン大統領により、トルーマン・ドクトリンが発表される	
1948	米国による復興支援計画、マーシャルプランを受け入れる	5月、パレスチナ戦争（第一次中東戦争）

1950	5月14日、第二回総選挙が行われ、民主党が勝利。首相はメンデレス 10月、朝鮮戦争に出兵	6月、ベルリン封鎖 6月、朝鮮戦争
1951		9月、日米安全保障条約
1952	2月18日、北大西洋条約機構（NATO）に加盟	7月、エジプト革命
1953		7月、朝鮮戦争休戦協定
1954	5月、総選挙で民主党が勝利する	11月、エジプト第二革命 同月、アルジェリア民族解放戦線、武装蜂起
1955	2月、トルコとイラクによる反共軍事条約を基礎としたバグダッド条約機構が成立する	4月、アジア＝アフリカ会議（バンドン会議） 5月、ワルシャワ条約
1956		10月、スエズ戦争（第二次中東戦争）
1959	5月1日、エーゲ海地方のウシャクで遊説中のイスメトが投石に遭う	1月、キューバ革命
1960	4月2日、イスメトのカイセリ市への訪問を知事が拒否した「カイセリ事件」が起こる 4月27日、イスタンブールで学生デモ隊と警察が衝突 5月5日、アンカラのクズライで反政府デモ「555K事件」が起こる	9月、石油輸出国機構（OPEC）設立

1961	5月27日、軍部によるクーデターが発生し、民主党政権が崩壊 2月、急進左派政党のトルコ労働者党が結成 7月9日、国民投票により「一九六一年憲法」の案が承認される 10月15日、大統領選挙が行われ、ギュルセルが第四代大統領に就任。首相はイスメト。公正党と共和人民党によるトルコ共和国史上初の連立政権の誕生	
1962		10月、キューバ危機
1963	12月、第一次キプロス紛争の勃発	11月、米国のケネディ大統領暗殺
1964		5月、パレスチナ解放機構（PLO）設立
1965		2月、米空軍、北ヴェトナムを爆撃
1967		6月、第三次中東戦争
1968	4月、アンカラ大学神学部でヴェトナム戦争反戦運動が起こる この頃から71年まで学生運動が激化	
1969	1月6日、アンカラの中東工科大学で駐米大使の公用車が焼かれる	
1971	3月、「書簡によるクーデター」	
1973	12月25日、イスメトが死去。享年八九	10月、第四次中東戦争

1974	7月、第二次キプロス紛争の勃発、トルコ軍がキプロスに派兵される	
1978	11月27日、クルディスタン労働者党（PKK）が発足	
1979		2月、イラン革命 12月、ソ連軍、アフガニスタンに侵攻
1980	9月12日、クーデターで軍が権力掌握	9月、イラン・イラク戦争
1982	一九八二年憲法の制定	4月、フォークランド紛争 同月、イスラエルがシナイ半島をエジプトに返還
1983	11月15日、トルコが進攻した北キプロスが北キプロス・トルコ共和国として独立を宣言	
1984	PKKが「クルド人国家の樹立」を掲げてトルコ政府との武装闘争を開始	
1985	4月、日本企業を中心にしたコンソーシアムが第二ボスポラス大橋の建設を落札	
1991		1月、湾岸戦争始まる
1994		ラビン首相らにノーベル平和賞
1995		11月、イスラエルのラビン首相が暗殺
1996	欧州連合（EU）との関税同盟を締結	
1998	10月、トルコ・シリア危機が起こる	

1999	2月、PKK党首オジャランがケニアのギリシャ大使館で逮捕 8月、イスタンブールに近いイズミトでマグニチュード7・6の地震が発生（マルマラ地震） 10月、デュズジェでマグニチュード7・2の地震が発生 12月、欧州委員会がトルコをEU加盟候補国として承認	
2000	10月19日、バクー・トビリシ・ジェイハンをつなぐ原油輸送ライン建設が批准 11月末、金融危機が発生	9月11日、米国で同時多発テロ
2001	2月末、2度目の金融危機が発生 8月14日、公正発展党が結党	
2002	11月3日、総選挙で公正発展党が勝利し単独与党に。アブドゥッラー・ギュルが首相に就任	
2003	3月1日、大国民議会でイラク戦争への参加が拒否 3月15日、レジェップ・タイイップ・エルドアンが首相に就任 11月15日、イスタンブールの2カ所のシナゴーグ、同月20日、HSBC銀行前で爆破テロが勃発	3月、米英軍によるイラク攻撃開始 4月、新型肺炎（SARS）が蔓延
2004	4月24日、国連のアナン事務総長の仲介の下、ギリシャ系住民が住むキプロス共和国とトルコ系住民が住む北キプロス共和国の統合に関する国民投票が実施。キプロス共和国で批准されず、キプロス統合は実現せず	12月、インドネシアのスマトラ島沖で地震

	12月17日、EU首脳会議で5年10月からトルコとの加盟交渉を実施することが決定	
2005	1月1日、インフレの終息を受け、それまでの100万リラを1リラとする新たな紙幣が発行 この年からEU加盟交渉が始まる（二〇二三年8月現在交渉は凍結中）	
2006	10月19日、トルコ政府は国連レバノン暫定駐留軍237名の兵士と24名の文民の総勢261名を派兵 11月5日、首相を4度務め、共和人民党、民主左派党の党首を務めたビュレント・エジェヴィトが死去	
2007	4月24日、公正発展党がギュル外相を大統領候補に選出したことに軍部がウェブサイト上で警告を行う。しかし、ギュルは8月に大統領に就任 7月22日、総選挙で公正発展党が単独与党の座を維持	
2008		9月、世界的に金融危機が起こる
2009	1月29日、ダボス会議に出席したエルドアン首相が同席したイスラエルのペレス大統領を非難し、途中退席 7月31日、トルコ政府はクルド問題解決に向けた民主的イニシアティブを発表	
2010	5月22日、最大野党の共和人民党党首にクルチダルオールが選出 5月31日、ガザ支援のためにガザ沖の公海上を航海中であ	

	ったマーヴィ・マルマラ号をイスラエル軍が急襲し、8名のトルコ人と1名のトルコ系米国人が命を落とす	
	9月、エルトゥールル号事件から120年。「トルコにおける日本年」開催。	
	9月12日、国民投票で憲法改正案が可決	
2011	2月27日、元首相でトルコの親イスラーム政党を牽引してきたネジメッティン・エルバカンが死去	
	3月、隣国シリアで内戦勃発、4月にトルコにシリア難民が流入し始める	3月、東日本大震災
	6月12日、公正発展党が総選挙で勝利。単独与党の座を維持	
	9月12〜16日、エルドアンが「アラブの春」を経験したエジプト、チュニジア、リビアを歴訪	
	9月21日、トルコ政府がアサド政権との関係を断絶	
	11月19日、ヴァンでマグニチュード5・6の地震が発生。 10月23日にやはりヴァンで起きたマグニチュード7・2の地震を受け、援助のためにヴァンで活動していた難民を助ける会の宮崎淳さんが犠牲となる	
2012	11月17日、エルドアンがエジプトを訪問し、ムハンマド・ムルシー大統領と会談	
2013	2月1日、極左の革命人民解放党・戦線のメンバーがアンカラの米国大使館入り口で自爆テロを起こす	

	5月14日、トルコがIMFからのローンを全て返済 5月～6月、イスタンブールのタクシム広場に近いゲズィ公園の再開発をめぐる抗議運動が各県での反政府運動へと拡大した「ゲズィ抗議」が発生 12月5日、トルココーヒーとその伝統がUNESCOの無形文化遺産に登録	
2014	8月10日、エルドアンが初の国民による直接投票によって大統領に選出 9月20日、イラクのモースルで「イスラーム国」に拘束されていたトルコ領事館関係者49名（イラク人3名）が解放される	6月、「イスラーム国」が樹立
2015	6月7日、総選挙で公正発展党が単独与党の座から転落（11月1日の再選挙で再度単独与党となる） 9月2日、夏から多くの難民がトルコ経由で欧州に渡る欧州難民危機が発生。同時に多くの犠牲者も出す。同日、海岸で3歳のアイラン・クルディが死亡している写真がメディアで取り上げられ、世界に衝撃を与える 10月10日、アンカラの鉄道駅付近で自爆テロが発生。102名が死亡するトルコ史上最悪のテロとなる 11月24日、シリアでトルコ軍機がロシア軍機を撃墜する事件が発生。トルコとロシアの関係が悪化	
2016	2月17日、アンカラでPKK関連組織のクルディスタン自	

	由の鷹（TAK）によるテロが発生。翌月13日にもアンカラでテロを起こす 3月18日、トルコとEUの間でシリア難民に関する難民協定が締結 6月28日、アタテュルク国際空港で無差別乱射・自爆テロが発生し、47名が犠牲となる 6月30日、トルコとロシアが関係正常化 7月15日、フェトフッラー・ギュレン師が首謀者とされるクーデター未遂事件が発生 12月19日、駐トルコ・ロシア大使殺害事件	
2017	4月17日、国民投票で議院内閣制から大統領制への移行が決定	6月、湾岸諸国によるカタール断交（〜2021年1月）
2018	6月24日、大統領選挙でエルドアンが勝利し、大統領制での最初の大統領となる。一方、議会選挙では公正発展党は第一党となるも単独与党とはならず 10月2日、ジャーナリストのジャマル・カショギがイスタンブールのサウジアラビア領事館で殺害される	
2019	3月31日、地方選挙で公正発展党が最大の得票数を得るも、イスタンブール、アンカラ、イズミルの3大都市の市長選で敗北。イスタンブールは市長選がやり直しになるも結果は変わらず 10月9日、クルド民族主義組織打倒のため、北シリア越境	

	作戦「平和の泉」作戦を敢行	
2020	3月11日、トルコで初のコロナ・ウイルス感染者が発生 10月30日、エーゲ海を震源とするマグニチュード6・9の地震が発生し、イズミルを中心に117名が犠牲となる	1月頃より、新型コロナ・ウイルスが全世界に感染拡大
2021	4月29日、コロナ・ウイルス対策として5月17日までロックダウンを実施 8月、アルトゥンダー地区でシリア難民とトルコ人による口論、トルコ人男性が死亡 同月、反難民政党である勝利党が発足	
2022	2月3日、トルコとウクライナの間でFTAが締結 3月10日、アンタルヤでロシア、ウクライナ、トルコの外相会談が実現 7月13日、イスタンブールで4者（ロシア・ウクライナ・国連・トルコ）協議が行われ、ウクライナの穀物輸出に合意	2月、ロシア・ウクライナ戦争勃発
2023	2月6日、トルコ・シリアでマグニチュード7を超える地震が発生 5月30日、トルコ大統領選挙が行われ、決選投票の結果、現職のエルドアンが再選	

主な参考文献

今井宏平『中東秩序をめぐる現代トルコ外交』ミネルヴァ書房、二〇一五年。

――「トルコにおけるもう一つのクルド政党――フューダ・パルとはどのような政党か」『SYNODOS』二〇一六年一一月八日。

――『トルコ現代史』中央公論新社、二〇一七年。

――「引き裂かれたトルコ革命」『文藝春秋SPECIAL』二〇一七年秋号、一四八～一五三頁。

――「トルコ 地政学を知り尽くした国家」『週刊東洋経済』二〇一八年三月三日号、五六～五七頁。

――「国際政治におけるトルコ海峡の重要性」『運輸と経済』二〇一八年一〇月号、五九～六三頁。

――「トルコのNATO加盟」広瀬佳一編『NATO（北大西洋条約機構）を知るための71章』明石書店、二〇二三年、六〇～六三頁。

――「トルコ南東部大規模地震：選挙のゲームチェンジャーとなるか」『世界』二〇二三年五月号、二三五～二四一頁
――『戦略的ヘッジングと安全保障の追求：二〇一〇年代以降のトルコ外交』有信堂、二〇二三年。

大島直政『トルコ歴史紀行：文明の十字路・4000年のドラマ』自由国民社、一九八六年。

小笠原弘幸編著『トルコ共和国 国民の創成とその変容――アタテュルクとエルドアンのはざまで』九州大学出版会、二〇一九年。

M・シュクリュ・ハーニオール（新井政美監修・翻訳、柿﨑正樹翻訳）『文明史から見たトルコ革命――アタテュルクの知的形成』みすず書房、二〇二〇年。

武田龍夫『新月旗の国トルコ』サイマル出版会、一九八七年。

松谷浩尚『現代トルコの政治と外交』勁草書房、一九八七年。

Bekir Ağırdır, "Seçimlerin sayısal analizine devam", *Oksijen* 16–22 Haziran, 2023.

Bülent Ulus Hakan Güngör, *Parola 555K (2. Basım)*, İstanbul: Kor Kitap, 2019.

Kurthan Fişek, *Burası Ankara (4. Baskı)*, Ankara: Phoenix, 2018.

Oğuz Aytepe, "Ankara'nın Merkez ve Başkent Olması", *Ankara Üniversitesi Türk İnkılâp Tarihi Enstitüsü Atatürk Yolu Dergisi*, S 33–34, Mayıs-Kasım 2004, ss. 15–22.

Önder Şenyapılı, *Geçmişten Bugüne isim isim Ankara*, İstanbul: Boyut, 2013.

Selcen Özkan, "Başkent Ankara'nın Kentleşme Sürecinde Konut Sorunu", *21. Yüzyılda Eğitim ve Toplum*, Cilt 7, Sayı 20, Yaz 2018, pp. 383–424.

Yükseköğretim Kurulu, *Üniversite İzleme ve Değerlendirme Genel Raporu 2022*, Ankara, 2022.

初出

第1章　「引き裂かれたトルコ革命」『文藝春秋 SPECIAL』二〇一七年秋号、一四八～一五三頁。

第5章　「トルコ　地政学を知り尽くした国家」『週刊東洋経済』二〇一八年三月三日号、五六～五七頁。

「国際政治におけるトルコ海峡の重要性」『運輸と経済』二〇一八年一〇月号、五九～六三頁。

【著者】
今井宏平（いまい こうへい）
1981年長野県生まれ。2011年、中東工科大学国際関係学部博士課程修了（Ph.D. International Relations）。13年、中央大学大学院法学研究科政治学専攻博士後期課程修了。日本貿易振興機構（ジェトロ）アジア経済研究所研究員。専門は、現代トルコ外交・国際関係論。主な著書に『中東秩序をめぐる現代トルコ外交』（ミネルヴァ書房）、『トルコ現代史』（中公新書）、『戦略的ヘッジングと安全保障の追求』（有信堂高文社）など。

平凡社新書1038

トルコ100年の歴史を歩く
首都アンカラでたどる近代国家への道

発行日——2023年9月15日　初版第1刷

著者——今井宏平
発行者——下中順平
発行所——株式会社平凡社
〒101-0051 東京都千代田区神田神保町3-29
電話 (03) 3230-6573［営業］
ホームページ https://www.heibonsha.co.jp/
印刷・製本—株式会社東京印書館
装幀——菊地信義

ISBN978-4-582-86038-2

平凡社新書　好評既刊！

669 現代アラブ混迷史　ねじれの構造を読む　水谷周
中東はなぜ分かりにくいのか？　素朴な疑問に答える、アラブ理解に必読の書。

682 イスラーム化する世界　グローバリゼーション時代の宗教　大川玲子
人種差別からジェンダーまで、世界共通の問題に立ち向かうムスリムの姿に迫る。

921 黒い同盟　米国、サウジアラビア、イスラエル　「反イラン枢軸」の暗部　宮田律
イランを包囲する「非神聖同盟」。その特殊な関係性の内実を読み解く。

987 台湾有事　米中衝突というリスク　清水克彦
緊迫する台湾・尖閣情勢。米中双方の思惑と日本の課題を徹底解説する。

992 イラン　「反米宗教国家」の素顔　新冨哲男
革命から四〇年を経て、この国では何が起きているか。「危険な国」は本当なのか。

998 上海　特派員が見た「デジタル都市」の最前線　工藤哲
急速なデジタル化、そして広がる格差社会。特派員が見た上海の光と影とは。

1005 新中国論　台湾・香港と習近平体制　野嶋剛
「台湾・香港」の状況を知ることで深刻化する「中国問題」の実像に迫る一冊。

1017 NATO　冷戦からウクライナ戦争まで　村上直久
ロシアはなぜウクライナに侵攻したのか。世界最大の軍事同盟の歴史でわかる！